汉英数字
认知表征
对比研究

何南林　鞠小丽　闫林琼　著

A CONTRASTIVE STUDY OF
COGNITIVE REPRESENTATION OF NUMBER
BETWEEN CHINESE AND ENGLISH

江苏大学出版社
JIANGSU UNIVERSITY PRESS

图书在版编目(CIP)数据

汉英数字认知表征对比研究/何南林,鞠小丽,闫林琼著. —镇江:江苏大学出版社,2011.12
ISBN 978-7-81130-289-9

Ⅰ.①汉… Ⅱ.①何… ②鞠… ③闫… Ⅲ.①数量词－对比研究－汉语、英语 Ⅳ.①H146.2 ②H314.2

中国版本图书馆 CIP 数据核字(2011)第 268824 号

汉英数字认知表征对比研究

著　者/	何南林　鞠小丽　闫林琼
责任编辑/	杨海濒
出版发行/	江苏大学出版社
地　址/	江苏省镇江市梦溪园巷 30 号(邮编:212003)
电　话/	0511-84443089
传　真/	0511-84446464
排　版/	镇江文苑制版印刷有限责任公司
印　刷/	丹阳市兴华印刷厂
经　销/	江苏省新华书店
开　本/	890 mm×1 240 mm　1/32
印　张/	7.5
字　数/	200 千字
版　次/	2011 年 12 月第 1 版　2011 年 12 月第 1 次印刷
书　号/	ISBN 978-7-81130-289-9
定　价/	29.00 元

如有印装质量问题请与本社发行部联系(电话:0511-84440882)

目　录

概　论

　　经济合作与发展组织(OECD)于2000年推出"国际学生评估项目"(Program for International Student Assessment,PISA),目的是对15岁学生从阅读、数学、科学能力三方面予以评估。每3年举行一次,前三届冠军纪录一直由北欧国家芬兰保持。

　　2009年4月,第四届PISA在34个OECD成员国以及31个非成员国家和地区举行,参加人数高达47万。中国内地首次加入,从上海152所学校随机抽取5 115名学生,代表全市各类中学约10万名15岁在校生参加测试。结果如下:

　　阅读测试,上海学生平均得分556分,排名第一,其次为韩国(539分),美国学生平均得分500分,排名17。

　　数学测试,上海学生平均得分600分,排名第一,其次为新加坡(562分),美国学生平均得分487分,排名31。

　　科学能力测试,上海学生平均得分575分,排名第一,其次为芬兰(554分),美国学生平均得分502分,排名23。

　　此外,值得一提的是,平均得分最高的前10个国家和地区中,有8个位于亚太地区。

　　其实,类似的研究早就开始进行了,类似的结果也早就为人熟知,只是规模较小,"动静"没有这么大而已。例如,1964年,"国际教育成就评估规划"(The International Project for the Evaluation of Educational Achievement,IEA)对12个工业化国家(澳大利亚、比利时、英格兰、芬兰、法国、德国、荷兰、以色列、日本、苏格兰、瑞典、美国)13~17岁学生的数学学习情况进行了调查,结果显示,美国学生的成绩远远低于其他国家。与之相反,日本学生则名列前茅(Husen,1967)。1980年,IEA进行了第二次调查,情况依旧。

日本为高度发达的工业国家,对教育历来又极其重视,因此,取得这样的成就并不令人意外。然而,对于其他一些发展中国家,比如中国,尽管同样重视教育,但经济投入远远不能与发达国家相比,那么,情况又会如何呢?

正是基于这样的猜测,美国著名心理学家 Stevenson 与同事于 20 世纪 80 年代开始了一系列的大规模调查研究。他们从中国台北市、日本仙台市、美国明尼阿波利斯市的多所幼儿园、小学一年级及五年级随机抽取了 2 千多名儿童,就数学水平进行了测验,参考图 0.1。

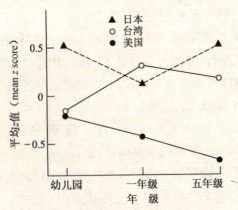

图 0.1 日本、中国台湾和美国儿童数学成绩对比图(Stevenson 等,1986)

图 0.2 进一步显示出不同班级的得分情况,其中每一条线代表一个班级,线条的高度表示该班的平均成绩,宽度表示该班成绩高低分布情况。图中可见,一年级时,这 3 个国家和地区大部分的班级基本上相互平行,中国台湾与日本仅有大约五六个班或两三个班的平均成绩高于美国。然而,到五年级时,这种大致相当的现象便消失殆尽——美国平均成绩最好的班级,也不过略高于中国台湾平均成绩最差的班级,而日本则甚至成绩最差的班级也高于美国最好的班级。

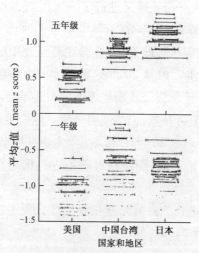

图 0.2 美国、中国台湾、日本不同班级
儿童数学成绩对比图（Stevenson 等，1986）

图 0.3 显示了 3 个国家和地区儿童前 100 名与后 100 名学生的分布情况。根据一个简单推理,假如各国情况大致相当的话,那么"最优生"与"最差生"应该各为 33 名,但实际情况却是:成绩最好的 100 名学生中,美国学生分别为一年级 14 名,五年级仅为一名;与之相反,成绩最差的 100 名学生中,美国学生分别为一年级 56 名,五年级 67 名。

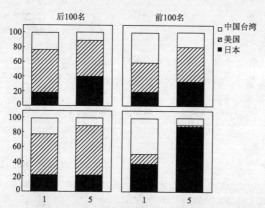

图 0.3 中国台湾、美国、日本前 100 名与
后 100 名儿童数学和阅读成绩的分布情况（Stevense 等，1990a）

10 年之后,Stevenson 等又进行了一次回访,对原学校以及部分原学生再次予以调查(当年的一年级学生此时已升至十一年级)。数据表明,情况没有丝毫改变,有些差距甚至比 10 年前更大。调查者不无沮丧地质问:尽管从 20 世纪 80 年代开始,美国的教育问题便受到广泛关注,布什总统及政府也不断加大改革力度,但这些努力对学生成绩的提高是否有效,仍然值得怀疑。他们于是提出警告:虽然布什政府 1990 年声称 20 世纪末美国学生要在数学方面引领世界潮流(lead the world),然而,美国教育若不进行根本性改革的话,这一目标很难实现。

中美儿童之间数学成绩究竟相差到什么程度,下面不妨就来看表 0.1 所示的几个具体的例子。

表 0.1　中美儿童数学成绩一览表　　　　%

年级,题目	正确率	
	北京	芝加哥
一年级		
1. 计算题		
9 − 1	99.6	51.8
5 + 4	99.6	77.2
19 + 45	27.2	6.5
2. 文字题		
1. 15 只小兔子,9 只跳走了,还剩多少只?	95.8	30.1
2. Chris 有 26 辆玩具汽车,Mary 有 19 辆。加起来一共是多少辆?	84.7	13.1
五年级		
1. 计算题		
? − 34 = 32	96.1	29.4
13 ÷ 13	99.8	70.2
3/8 + 2/8	55.1	38.6
0.8 × 10	78.7	20.5

年级,题目	正确率	
2. 文字题		
1. 老师给 9 个学生每人 3 张纸,还剩 2 张。老师一共有多少张纸?	91.6	43.4
2. 某集邮俱乐部有 24 位成员。其中 5/6 的人只集外国邮票。有多少人只集外国邮票?	58.8	8.9
3. 一家商店花 1.5 元可买到 10 罐爆米花,另一家商店花 80 分可买到 5 罐。哪一家更便宜?	80.7	38.0
4. Chris 与 Kim 站在同一个地方。Chris 走 7 步就能到达门口,Kim 需要走 9 步。哪个的步子大?	91.6	55.1

（Stevenson 等,1990c）

数据显示,大多数测验项目美国学生的正确率仅为中国学生的一半。尤其是文字题中,一年级第 2 题与五年级第 2 题,中美学生的正确率分别为 84.7% 与 13.1%,58.8% 与 8.9%。差距如此之大,简直令人不敢相信。

美国学生的数学成绩为什么会这么差? Stevenson 等认为有如下几个原因。

一、学校生活

学习成绩好坏通常与学习时间长短有关。据调查,中国与日本学生每年在校时间为 240 天,美国学生为 178 天。其次,即使在学校里,花在学习上的时间也大不相同,美国、日本、中国的比率,一年级分别为 69.8%,85.1%,79.2%;五年级的差距更大,分别为 64.5%,91.5%,87.4%。例如,美国五年级学生每周在校时间为 30.4 小时,但其中只有 19.6 小时用于学习,而中国与日本在校时间分别为44.1 小时与 37.3 小时,用于学习的时间分别为 40.4 小时与 32.6 小时。课堂上用于传授知识(imparting information)的时间分别为:美国 21%,中国 58%,日本 33%。也就是说,美国学生每周在校时间为 30 小时,但只有 6 小时是在接受知识,事实上,美国教师给予训导

（directions）的时间往往多于传授知识的时间（26% 与 21%）。

二、家庭作业

　　与学习成绩直接相关的另一个主要因素为家庭作业量，在这方面各国之间也存在巨大的差异。据家长估计，每天花在家庭作业上的时间，美中日 3 国儿童分别为：一年级 14 分钟、77 分钟、37 分钟；五年级 46 分钟、114 分钟、57 分钟。周末悬殊更大：美国学生星期六为 7 分钟，星期天为 11 分钟；中国与日本分别为 83 与 73 分钟，37 与 29 分钟——事实上星期六通常还有半天要呆在学校里。此外，在做家庭作业时，父母给予帮助的时间也不相同，比如五年级学生，美国父母平均每天的辅助时间为 14 分钟，中国与日本为 27 与 19 分钟。父母对子女学习的关心程度，还体现于一个细节，即学生是否拥有自己的课桌。美国五年级学生的课桌拥有率仅为 63%，而中国与日本分别高达 98% 与 95%。除了完成学校布置的家庭作业外，家长也经常会自行购买练习题集，美国、日本和中国的比例分别为：28%、58% 和 56%。

　　各国教师对家庭作业的作用亦评价不一。按 9 分制计算，中国教师给出的平均分为 7.3 分，日本教师为 5.8 分，而美国教师仅为 4.4 分。在 16 项被认为有利于儿童学习的活动中，美国老师认为家庭作业排在第 15 位——仅仅高于体罚。不但 3 国教师布置的作业量相差悬殊，家长的意见也完全不同。虽然美国学生家庭作业少，但 69% 的家长却普遍感到满意，认为"恰到好处"（just right），与之相反，中国与日本的家长却不嫌其多，认为恰到好处的分别为 82% 与 67%。

　　此外，学生本人的反应也大不相同。比如，要求用 5 种面部表情来表示对家庭作业的态度，60% 的中国五年级学生选择笑脸，超过 60% 的日本学生选择笑脸或无表情，而 60% 的美国学生则选择了苦脸。

三、母亲评价

调查中还要求父母给孩子的数学能力进行评分。按 9 分制计算,美中日 3 国母亲给出的平均分分别为 5.9 分、5.2 分和 5.8 分。此外,对孩子认知能力的评价,美国父母给出的平均分也高出中国与日本,分别为 6.3 分、6.1 分、5.5 分。

美国母亲的这种乐观态度还反映在其他方面。例如:91% 的母亲对学校的教学效果非常满意("excellent" or "good"),而中国和日本的母亲持这种看法的仅为 42% 与 39%。大多数认为"一般"("fair")。

当问及对于孩子的教育希望有何改进时,美国五年级学生的母亲一半以上认为应该加强阅读,而很少提及数学及科学(不到 6%)。日本母亲选择了阅读与数学,而中国母亲则选择了艺术与体育。

然而,美国母亲的乐观态度并不意味着美国儿童就一定喜欢学校。当问及五年级学生是否喜欢学校时,中美儿童的比率分别为 86% 与 52%。

对中国与日本教育常有的一种批评就是对孩子的要求过高,结果导致一种敬畏心理,甚至产生厌学情绪,但这种情况似乎并不存在于小学。该项调查发现,反而是美国学生对学校更没好感,中国与日本强调学习成绩固然会导致激烈竞争,但主要涉及中学,至少小学似乎还看不到什么负面影响。

四、父母信念

家长给孩子传授什么样的成功经验,往往由家长自己的信念决定,比如,有的强调能力,有的则看重勤奋。当问及勤奋、能力、难度、机遇 4 项因素中,哪一项对学业更加重要时,日本与中国母亲选择了勤奋,而美国母亲则选择了能力。这也就意味着,日中两国儿童学习如此努力,部分原因是由于母亲对努力所持有的强烈信念。

五、校外辅导

许多人认为,中日儿童优秀的学习成绩除了正规教育以外,往往还得益于校外辅导。不过,该项调查发现,美国儿童参加校外补习班的其实并不在少数——像"buxiban"(补习班)这样的名称甚至已经频频出现于美国报刊。而且,尤其值得一提的是,中国儿童参加的补习班多为体育与书法,日本儿童多为美术与书法,很少有参加数学补习班的。相反,倒是美国儿童参加数学补习班的比率最高(8%),日本与中国分别为7%与2%。

六、教师

从表面上看,三国教师在校时间相差不太多,但如何使用却大不相同。美国教师常常抱怨,假如能够减少一些"非学术职能"(nonacademic functions)的话,就有更多时间用来上课了。换言之,课堂上的大部分时间并没有用于教学,而是用来充当顾问(counselor)、家庭医疗师(family therapist)、甚至代理父母(surrogate parent)之类的角色。不过,即使增加教学时间,是否有望改善数学以及科学教学,仍然值得怀疑。例如,当问到假如可以自行更改教学大纲,你有何建议时,4%的美国教师没有作答,13%建议加大基础训练,18%建议增加阅读、拼写时间,仅仅只有一位教师希望增加数学教学时间。

Stevensen 在结论中写道:改革的动力通常来自对现状的不满。然而,绝大多数受访美国家长对子女的学习情况均表示满意,因此不大可能提出什么改革要求。既然父母都感到满意,子女也就不会觉得有必要为学习付出更多努力与时间了。美国孩子数学成绩之所以低劣,关键就在于人们对这一情况没有清醒的认识。因此,美国要想在技术与科学领域(这些领域都需要坚实的数学技巧作为基础)保持竞争力,在这方面就必须有所改变。不管为教育增加多少款项,也不管运用多少新型教学方法,儿童能否学好数学以及其他科目,主要还是取决于美国父母是否意识到,并且是否愿意为子女提供帮助。学校方面当然有待改进,但儿童要想达到较高成就,就离不开学校与家庭之间的合作与交流。

十年后,他们再次重申了这一观点:美国家长以及学生对教育的态度与信念如果没有一个根本性转变的话,(数学)成绩之间的差距就不可能消除。……能否通过改善教育提升国家竞争力,至少部分取决于能否改变目前这种乐观情绪,否则最终必将自尝苦果(But the likelihood of improving the nation's competitive position through better education depends, at least in part, on changing such optimistic but ultimately self-defeating views)。

Stevenson 等人的研究不仅规模大、时间长,而且其中两篇文章"中、日、美儿童数学成绩"与"中、日、美儿童数学成绩:10 年以后"均发表于著名的《科学》杂志,其影响力自然远远超过一般专业杂志。尤其是,他们指出了其他研究的不足,即主要关注于如何提高美国中学的教学质量,却忽略了一个事实:美国幼儿园和小学儿童在阅读和数学等方面均大大落后于其他国家。提高中学教育质量固然重要,但毕竟为时已晚。因此,关键在于如何改善小学教育。还值得一提的是,测验中的美国样本全部出自讲英语的白人家庭,而明尼阿波利斯市所在的明尼苏达州,其学生的中学毕业率更为全国之最。这也就意味着,如果在全国范围内随意抽样的话,水平势必更低。如果明尼苏达州的教育出现问题的话,其他州情况之糟也就可想而知了。

不过,Stevenson 等的研究虽然通过大量数据揭示出中日美儿童数学成绩之间的巨大差异,给人以警示,但并没有真正寻找到造成这一现象的根本原因,或者说,仅仅只是涉及了一些"非认知因素"。人们完全有理由提出质疑:难道只要学校增加学习时间,布置更多家庭作业,家长降低满意程度,甚至给每个孩子提供一张课桌等,美国儿童的数学成绩真的就能大大提高吗?

正是由于不满足于这种外部因素的调查,一些学者开始了深层次的探讨,试图追寻更加本质的原因。

例如，Siegler 等（2008）在"Chinese children excel on novel mathematics problems even before elementary school"（"其至早在小学以前中国儿童解答数学新问题的能力便已胜出"）一文中首先便指出：以往的研究大多将美国与东亚儿童之间的差距归因于学校教育以及父母重视等外部因素，这种观点显然值得怀疑，因此有必要弄清，东亚学龄前儿童优越的数学知识是否仅限于父母所直接教授的计算技能，还是涉及更加一般性的知识。前者不妨称为"训练任务"（practiced task），例如数数以及一位数的加减法等，后者则可称为"非训练任务"（unpracticed task），即某些并非由父母直接教授而获得的能力。且以"数轴估值"（number-line estimation）为例：一条直线，两端分别标为 0 与 100，然后任意给出一些数字比如 4,15,27,39 等，要求被试在数轴上标出相应的位置。很显然，像这样的数学知识，恐怕全世界所有国家的父母都不曾向孩子教授，类似的练习应该也从未做过，因此，如果相互之间出现差异的话，那么完全可以肯定，与非认知因素没有任何关系。

首先来看美国幼儿园与二年级儿童的测试结果，如图 0.4 所示：

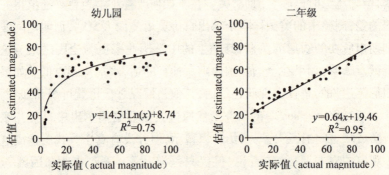

图 0.4　美国幼儿园和二年级儿童数轴估值测试成绩表（Siegler，2008）

笔者数学知识贫乏，不堪介绍统计分析，敬请原谅（注：书中还将大量引用调查数据，对于有关的统计分析，也不作任何介绍）。不过，好在外行也不难一眼看出区别：线条越直，表示精度越高，成绩自然也就越好。

再看美国与中国幼儿园儿童的测试结果,如图 0.5 所示:

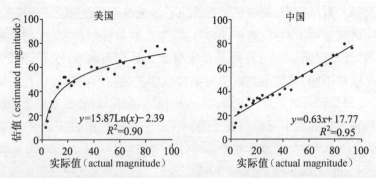

图 0.5 中美幼儿园儿童数轴估值测试成绩对比表(Siegler, 2008)

两相对比,不难发现,中国幼儿园儿童的表现与美国二年级学生非常接近,这也就意味着,前者的数轴估值能力至少要胜出(excel)后者两年以上。这样的差距显然完全不能用非认知因素来解释。

Geary 等(1996b)的研究"Development of arithmetical competencies in Chinese and American children: influence of age, language, and schooling"("中美儿童算术能力的发展:年龄、语言、教学的影响"),综合了三方面的因素,因而比 Stevenson 等的研究更加全面,更加客观,其结论自然也更加令人信服。其中尤其值得注意的是语言因素。众所周知,数学能力之高低与年龄大小和教学时间长短有着密切关系——年龄越大,教学时间越长,数学能力当然也就越强。然而,恐怕很少有人想过,语言不同,也会对数学成绩的高低产生影响,而 Geary 等的研究恰恰就给予了这样的证明。Geary 等(1993)的另一项研究"Even before formal instruction, Chinese children outperform American children in mental addition"("甚至早在正规教育之前,中国儿童的心算能力便已超过美国儿童"),甚至不妨说已经将教学因素排除在外,而主要论证语言的重要作用。

Miller 等(1995)的研究"Preschool origins of cross-national differences in mathematical competence: The role of number-naming systems"("跨文化数学能力差异起源于学龄前:数词命名系统的作

用")指出,如果仔细观察跨文化数学差距何时出现,以及这些差距包括哪些数学能力,就能更加精确地了解美国儿童数学缺陷的根源。该项研究证明了两点:第一,跨文化数学差异早在学龄前(大约 4 岁左右)便已呈现;第二,这些差异主要源于数词命名系统的不同,而正是这种不同,导致用英语学习某些数学关系比汉语更加困难。例如,英语数词命名系统无论是对十进制原则的理解,还是对进位和借位等算术技能的学习都构成了阻碍。由于英语数词的复杂性,使得美国儿童入学时,在数学上便已经处于劣势(American children enter school with a mathematical disadvantage)。正是因为这种巨大的差异早在学龄前便已存在,因此他们明确指出,美国学生数学成绩低于中国学生,其责任不应该完全由学校教育来承担。美国教育中的缺陷固然值得重视,但这种缺陷只不过是加剧了英语儿童入学时便已经体现出来的劣势而已(exacerbate disadvantages English-speaking children show at school entry)。由于找到了数学差异的真正原因,因此,他们提出的教改意见不但更有说服力,而且也更具操作性:These results suggest further that efforts at improving early mathematical development in the United States should include efforts aimed at making the base-10 structure of number names more accessible to young children(结果进一步表明,要想提高美国人的早期数学能力发展,就应该付出努力,以便使数词名称的十进制结构更加容易为儿童理解)。

需要提及的是,Stevenson 等(1990)的一项研究中,有一小节名为"计数系统"(counting systems),其中提到,虽然汉语、日语与英语都使用了阿拉伯数字,但汉语与日语均直接对应于十进制数字系统(corresponds directly with the base-10 system of numeration),例如,"3246"便读作"three-thousands, two-hundreds, four-tens, six"(注:这里原文用了复数词尾,但实际上汉语是不用复数的,对于不懂汉语的人来说,恐怕难免产生误会),这种数字表征方式也许是造成亚洲与非亚洲儿童数学成绩差异的一个原因。

然而,令人遗憾的是,他们却没有就此进行深入探讨,只是用一个"may be"便轻轻将其打发,而仍然将重点放在各种非认知因素的对比与分析上。

为了更好地体会英语数词名称的复杂性,以及这种复杂性给儿童理解造成怎样的困难,不妨来看一组漫画:

儿子在纸上写了个"71",然后兴冲冲地叫住了提着包正准备去上班的爸爸:"爹地,瞧,我写了一个 seventeen!"。爸爸自然一眼便看出问题,于是耐心解释:"宝贝,你写的是 seventy-one,seventeen 应该把 one 放在 seven 前面",说完便匆匆走了。儿子似乎也明白了错误所在,不过,他的改正方法却实在是出乎读者的意料——只见他将纸拿起来,像变魔术一样,大喝一声"转!",然后兴高采烈地跑去向妈妈报喜:"妈咪!瞧!爹地教会我写 seventeen 了。"妈妈于是这才意识到,应该开始帮助儿子学习书写数字了。

众所周知,优秀的漫画都是针对现实,有感而发,当然也就不应仅止于哈哈一乐。因此不妨说,该组漫画的用意就在于提醒甚至责怪父母疏于对孩子的早期教育,由此似乎也就正好迎合了非认知因素观。问题在于,孩子出错难道真的只是由于母亲"失职"吗?或者,换个角度,我们且问:中国母亲有必要向孩子解释:"十七应该先写十后写七"吗?由此也就不难发现,问题实际上出在英语的数词命名系统本身,即读音与书写,二者顺序完全相反。儿童之所以将 seventeen 写成 71,根本原因就在于先说 seven 后说 teen。换言之,要想正确记录的话,他们就必须学会"言行不一"——嘴里说的是"seven",笔下写的是"1"。

问题还不仅止于此。对于任何一个多位数的表达,根据阿拉伯数字系统,都应该是从高到低,严格遵照千位数、百位数、十位数、个位数的顺序依次说来。然而,seventeen 却是先说个位数,后说十位数。如果说,这种完全违背阿拉伯数字系统的数词表征方式影响了儿童的数字认知以及数学运算,从而导致跨文化差异的话,那么显然就完全不能用非认知因素予以解释。

类似的情况并不限于英语。德语 20 以上数词的构成规则为"个位数 + and + 十位数",例如,24 便读作 four-and-twenty(注:以下提到非英语时,为方便阅读起见,均用英语表达),也即嘴里说的是"four",笔下写的是"2"。

法语更奇怪,70 读作 sixty-ten(六十十),这就意味着,法国人在数到 69 时,不再遵循十进制原则——个位数虽然"逢十",但却不向十位数"进一",而是原位"自行消化"。这种奇特的数词表征方式,暂且不论学习难度如何,我们想知道的是:会不会给儿童的数字认知以及数学运算带来麻烦? 比如 35 + 35 = 70,用语言表达是 thirty-five plus thirty-five is sixty-ten,也即嘴里说的是"sixty-ten",笔下却必须写成"70"。这种"言行不一"或许难不倒有文化的成年人,但对儿童来说,恐怕就没有这么简单了。既然英语儿童难免会按照读音顺序将"seventeen"写成"71",那么,法语儿童是否也有可能按照读音顺序将"sixty-ten"写成"6010"呢?

很显然,汉语儿童是绝对不可能犯这种错误的,原因很简单:汉语中根本不存在这样的表征方式。如果不顾这一事实,仍然将其归结于非认知因素,比如社会重视、父母早教、学习努力、作业繁重等,便不免显得有些荒唐。反过来,假如英语将 seventeen 改为 ten seven,法语将 sixty-ten 改为 seventy 甚至 seven ten,那么,即使所有非认知因素维持现状不变,数学成绩必定也会随着学习的简化而大大提高。

德国语言学家洪堡特有一部名著:《论人类语言结构的差异及其对人类精神发展的影响》。如果不避盗用之嫌,仅为阐述之便的话,则本书亦不妨名为《论人类语言数字认知表征方式的差异及其对人类数学思维发展的影响》。确切地说，本书的目的就是要通过介绍大量有关研究，以最终证明，中美两国儿童数学成绩之间的巨大差距，除了某些非认知因素以外，在很大程度上，主要是由于汉英两种语言数字认知表征方式的巨大差异所造成的。

第一章

数词命名系统

虽然世界各国之间广泛通用阿拉伯数字,但它只是一套书写符号,或者说,只是一种"数字文字",仅仅是用来"看"与"写"的,而要想成为一种"数字语言",以便用于"听"与"说",则还须命名(name),也即赋予一套语音符号;而一旦赋予了语音符号,必然又需要用另一套书写符号将其记录下来,例如汉语的"yi"与"一",英语的"wʌn"与"one"。也就是说,对于同样的阿拉伯数字,各种语言的读音方式以及书写方式完全不同,而正是因为这种不同的数字表征方式,在很大程度上导致了认知上的差异,最终影响了儿童数学成绩的优劣之分。本章拟对这种表征方式的差异以及相应的结果作一番对比分析。

第一节　数词对比

一、从 0 到 9

阿拉伯数字	汉语	英语	法语	德语	西班牙语
0	零	zero	zéro	null	cero
1	一	one	un(e)	eins	uno
2	二	two	deux	zwei	dos
3	三	three	trois	drei	tres
4	四	four	quatre	vier	cuatro
5	五	five	cinq	funf	cinco
6	六	six	six	sechs	seis
7	七	seven	sept	sieben	siete
8	八	eight	huit	acht	ocho
9	九	nine	neuf	neun	nueve

阿拉伯数字的特点在于,利用0~9十个计数符号,便可以合成任意一个数字。前者称为"基本数字",后者称为"合成数字"。基本数字的特点是必须学而知之,也就是说,在未经教授的情况下,任何人都不可能天生地知道7后面是8,8后面是9;但只要掌握了基本数字,则只需略加指点,便能无师自通地合成任何一个数字,比如11,12,13…;21,22,23…;111,112,113…等等。

与阿拉伯数字相应,各种语言也有自己的基本数词,同样也需要一个个地单独学习。汉语不妨称为"生字",比如"一、二、三……",其他语言则为"单词",比如英语的"one,two,three,…"。仅就这一点而言,各种语言相互之间完全一致,与阿拉伯数字也没有区别,无须多说。

二、从10到19

阿拉伯数字	汉语	英语	法语	德语	西班牙语
10	十	ten	dix	zehn	diez
11	十一	eleven	onze	elf	once
12	十二	twelve	douze	zwofl	doce
13	十三	thirteen	treizc	dreizehn	trece
14	十四	fourteen	quatorze	vierzehn	catorce
15	十五	fifteen	quinze	funfzehn	quince
16	十六	sixteen	seize	sechzehn	dieciséis
17	十七	seventeen	dix-sept	siebzehn	diecisiete
18	十八	eighteen	dix-huit	achtzehn	dieciocho
19	十九	nineteen	dix-neuf	neunzehn	diecinueve

首先来看数字10。就结构而言,10无疑是一个合成数字——由1与0两个基本数字组合而成;但就本质而言,10显然又是一个基本数字——不经指教,任何人都不可能知道9后面是10,10后面是11。正是这种双重性赋予了10一个极其特殊的身份,起着一个"承前启后"的关键作用,肩负着从基本数字向合成数字过渡的重要任务。

汉语 10 以上的数词结构与阿拉伯数字一模一样,极其有规律,甚至可以说,不教自会——父母只要开个头:十一,十二,十三……儿童往往就能自动接续:十四,十五,十六……。其他语言则不尽其然。下面就来一一分析。

（一）英 语

与汉语相比,英语数词构成的规律性显然差多了。例如,eleven与 twelve 就完全看不出"十"与"一"以及"十"与"二"之间的关系,自然也就无法体现组合性(除非具备深厚的词源学知识),这就意味着,英语的基本数词至少要比汉语多两个,或者说,至少要多背两个单词,学习难度自然相应增大。从 thirteen 到 nineteen 均由基本数词与后缀-teen 组成(故而称为 teen words 或简称 teens),开始呈现出一定的规律性,有点类似于汉语的"十三"与"十九"。但首先,其构成并没有那么直接,往往还要涉及拼写、读音上的某些变化,如 three 变为 thir-,five 变为 fif-等等。其次,"thirteen"的字面意思实际上是"三十",也即个位数在前,十位数在后,完全违背了阿拉伯数字的构成规律。正因为如此,Miller 等(1995)指出,英语的"teens"给美国儿童学习计数设置了一块特殊的绊脚石(The "teens" in English pose a particular stumbling block for American children's counting)。他们的另一项研究(Miller 1991)甚至干脆就命名为"The trouble with teens: Accessing the structure of number names"("Teens 的麻烦:数字名称结构评估")

Hurford(1975,1987)提出一种观点,认为英语的 teens 仍然可以看作是由阿拉伯数字派生而成,不过其间必须经过两个步骤。首先为"去一"(one-deletion),以 17 为例,实际上可以写成"onety-seven",将其中的"one"去掉,就变成"ty-seven"或"teen-seven";其次是"转换"(switch),即将个位数与十位数进行换位,由"teen-seven"变为"seven-teen"。

这样的解释或许不乏合理之处,但令人想不通的是,何苦多此一举,来这么一个"转换"呢? 像汉语一样,直接就说 ten seven,岂不省事!

我们不妨设想,假如英语的数词命名系统不是"nine,ten,eleven,twelve……",而是"nine,ten,ten one,ten two……",那么儿童立刻就会意识到 ten 的重要性,就能无师自通地掌握合成数词的组合规律。遗憾的是,"nine,ten,eleven……"这样的序列让人感觉 ten 只不过就是夹在 nine 与 eleven 之间的一个普普通通的数词而已,没有任何与众不同的特殊含义,因此,儿童既不明白可以利用它来合成其他数词,更不可能联想到"逢十进一",由此也就坐失了一个自行学会十进制的大好良机。其他几种语言在这一方面与之完全相似,不再重复。

(二)法　语

尽管绝大多数人都没有学过法语,但通过与英语的对比也不难看出其特点。例如,英语从 13 开始体现出规则性,但法语则要到 17,原因在于,"1～16"均借自于拉丁语,从"17"开始才是法语自行演化的产物。如果说英语的基本数词是从 0 到 12,也即 12 个单词的话,法语则是从 0 到 16,单词数为 16,其学习难度显然更大。不过,值得注意的是,从 17 至 19,法语的构成倒是与阿拉伯数字和汉语完全一样,即 dix(ten)直接加上 sept(seven),huit(eight),neuf(nine),显得非常合理,比英语简单多了。可惜的是,前面的 11 至 16 为何不遵从这一构词规律呢?

(三)德　语

与英语相似,德语也是从 13 开始便利用 zehn(ten)构词,不过,比英语优越的是,无需经过"ten-teen"这样的变形,而是直接将 zehn 与基本数词合成:dreizehn(three ten)。当然,缺点也与英语一样,即个位数在前,十位数在后。

(四)西班牙语

与法语相似,也是从 16 开始利用 diez(ten)构词,如 dieciséis(sixteen),但拼写上略有变化,即将 diez 改为 diec。不过,有必要指出的是,从 16 开始,它还使用了另一种构词方式,即在十位数与个位数之间加一个"y"(and),例如 diez y seis(ten and six)。这样的表达方式显然更加类似于阿拉伯数字,当然也更加简单易学,但也同样令人遗憾:为何 11～15 不采用这种方式?

三、从 20 到 99

(一)英　语

从 20 到 99,英语称为 decade words,简称为 decades,其个位数由基本数词直接承担,十位数则由基本数词加后缀-ty 组成,因此体现出较大的规律性,但显然还是远远不及汉语。汉语无论是个位数还是十位数,全部都是由基本数词直接承担,这一点与阿拉伯数字系统完全一致,唯一的区别是在读的时候,加上一个"十",如"二十二"。因此,儿童只要略加尝试:"三十,四十,五十",发现毫无差错,就可以放心大胆地说出"六十、七十、八十、九十"。与之相比,英语儿童显然就没有这种"胆气"。英语中虽然也有不少规则的构成形式,如 sixty, seventy, eighty, ninety,但同样不乏非规则的构成形式如 twenty, thirty, forty, fifty,更何况"非规则"在前,"规则"在后,这就足以彻底打消"依此类推"的勇气——即使好不容易碰上一个 sixty,也不敢确信后面必定是 seventy,eighty, ninety。这也就意味着,英语儿童始终不敢确定,每一个"-ty nine"后面到底是什么,因此只能一个个死记硬背。正因为如此,任何一部英语词典都必须将 twenty 至 ninety 作为词条,一一收录。与之相反,任何一部汉语词典都绝对找不到"二十"、"三十"这样的词条。

(二)法　语

法语的 20～69 与英语相似,无须多说。然而,它的 70 却不是 seventy,而是 sixty-ten(接下来为 sixty-eleven, sixty-twelve … sixty-nineteen),80 更是奇怪:four-twenty,接下来为 four-twenty-one(81),four-twenty-two(82),…,four-twenty eighteen(98),four-twenty-nineteen(99)。

王力指出:"法语'七十'称为'六十十'(soixante-dix),'七十六'称为'六十十六'(soixante-seize),'七十九'称为'六十十九'

（soixante-dix-neuf）。'八十'称为'四廿'（quatre vignts）。这是受了凯尔特语廿进法的影响。十七世纪法语还有'六廿'，'十五廿'一类的说法，现在只剩'四廿'的说法了。'九十'称为'四廿十'，就是四乘廿加十。"（王力，1984）

这就足以证明，法语的确是在朝着简化的方向发展，而且肯定深得人心——难道法国人还会怀念"六廿"、"十五廿"一类的说法吗？那么，何不彻底摆脱凯尔特语廿进法的影响，全盘接受阿拉伯十进制呢？

（三）德　语

与英语基本上相同，唯一的区别在于十位数与个位数的颠倒，即one-and-twenty，two-and-twenty。

（四）西班牙语

从 20 到 29，西班牙语有两种表达方式，一种是 twentyone（twenty 的词尾需要略作修改），一种是 twenty and one。30 以上仅采用后一种，如：thirty and one。

四、100 以上

（一）英　语

100 以上的数词，英语便显得非常有规律了，无须多说。

（二）法　语

与英语大致相同，即：hundred（一百不加 one），two hundred，three hundred。

（三）德　语

与英语大致相同。

（四）西班牙语

西班牙语的"百"有 ciento 与 cien 两种形式，后者为前者的缩略形式，通常用在复数名词或其他数词之前。其用法与英语大致相同，即 hundred（一百不加 one），two hundred，three hundred。不过，"五百"却不是 five hundred，而是一个完全陌生的词。这也就意味着，西班牙语儿童在"百"这个单位上，仍然不敢大胆类推，或者，至少从

"五百"开始,多少有些犹豫——不知道 five hundred and ninety-nine 后面是不是 six hundred。事实上,seven hundred 与 nine hundred 的拼写的确略有变化。这一点与英语儿童在"十"这个单位上的情况非常相似——难以确定 twenty-nine 后面究竟是什么。

"千"以上的结构各种语言之间大致相似,不再赘述。

最后介绍两个有关英语数词的记忆口诀,读者不妨自行评价,看看是否真的"很容易"。尤其是对汉语来说,用得着这样的"口诀"吗?

基数词记忆口诀:

> 基数词很容易,
>
> 0 至 12 词各异,单独记。
>
> 13 至 19,以 teen 结尾不要丢;
>
> 20 至 90,整十后面有个 ty;
>
> 几十几,也容易:
>
> 先说几十,再说几,中间短杠"-"加上去。
>
> hundred 是一百,
>
> 百内数字记心怀。
>
> 几百几,挺容易:
>
> 先说几百,再说几,中间 and 加上去。
>
> thousand 是一千,
>
> 千内数字记心间。

序数词记忆口诀:

> 基变序,很容易,
>
> 基后 th 跟上去,
>
> 第一、二、三要牢记,
>
> 因为它们是特殊的(first,second,third)。
>
> 8 去 t,9 去 e;
>
> ve 要用 f 替,5 和 12 记心里;
>
> y 尾单词变 ie,此类词都是整十的;

上述变化要牢记，

th 后面跟上去。

要变几十几，也是很容易：

只变个位就可以。

第二节　数词理据

号称"当代语言学之父"的瑞士语言学家索绪尔认为，语言符号有两个重要原则："符号的任意性"与"能指的线条特征"。关于前者，他写道："能指和所指的联系是任意的，或者，因为我们所说的符号是指能指和所指相联结所产生的整体，我们可以更简单地说：语言符号是任意的。"（索绪尔，2005）

例如"姊妹"的观念在法语里同用来做它的能指的 s-ö-r（sœur）这串声音没有任何内在的关系；它也可以用任何别的声音来表示。语言间的差别和不同语言的存在就是证明："牛"这个所指的能指在国界的一边是 b-ö-f（bœuf），另一边却是 o-k-s（Ochs）。

不过，索绪尔同时又论及"绝对任意性和相对任意性"问题。例如，法语的 poirier（梨树），由词根 poire 与后缀-ier 组成，而后者又可见于 cerisier（樱桃树）、pommier（苹果树）等词之中。这也就是说，poirier 是"相对地可以论证的"，与之相反，像 frêne（榛树）、chêne（橡树）则是完全不能论证的。

所谓"可以论证"，亦称"有理可据"，或简称"理据"（motivation），也即所谓的"有道理可讲"。由此也就难免产生一个问题：语言的构成究竟应该是有理可据还是无理可据？

索绪尔对此没有正面回答，但从字里行间应该不难体会其倾向：

我们深信，凡是跟作为系统的语言有关的一切，都要求我们从这个很少引起语言学家注意的观点，即任意性的限制去加以研究。事实上，整个语言系统都是以符号任意性的不合理原则为基础的。这个原则漫无限制地加以应用，结果将会弄得非常复杂；但是人们的心理给一大堆符号的某些部分带来一种秩序和规律性的原则,这就是相对论证性的作用。如果语言的机构是完全合理的,人们就可以就其本身去加以研究。但是由于它只是对一个本来就很混乱的系统作局部的纠正,所以人们在研究这个限制任意性的机构的时候,就只好采取由语言的本质所给定的观点。

一切都是不能论证的语言是不存在的;一切都可以论证的语言在定义上也是不能设想的。在最少的组织性和最少的任意性这两个极端之间,我们可以找到一切可能的差异。各种语言常包含两类要素——根本上任意的和相对地可以论证的——但是比例极不相同,这是我们进行语言分类时可能考虑的一个很重要的特点。(索绪尔,2005)

从"符号任意性的不合理原则"、"如果语言的机构是完全合理的"、"一个本来就很混乱的系统"等措辞,不难想象,尽管索绪尔提出"语言符号任意性原则",但似乎并没有对此予以赞许,而是相反——期待相对论证性的作用,即"给一大堆符号的某些部分带来一种秩序和规律性的原则"。人们自然有理由推断——假如不是给"部分符号"而是给"所有符号带来秩序和规律",岂不是更好吗? 换句话说,假如有可能的话,那么,"在最少的组织性和最少的任意性这两个极端之间",人们究竟会作出怎样的选择? 反之,如果别无选择,只能接受"最少的组织性",人们又究竟应该是庆幸还是叹惜?

理据并非仅限于以上所说的普通词汇,而且也大量体现于数字表征方式。事实上,索绪尔首先列举的例子就是数词。例如,法语的 vingt(二十)就是不能论证的,而 dix-huit(十八)、dix-nuef(十九)、vingt-nuef(二十九)、soixante-dix(七十)等,分别由 dix(十)、huit(八)、nuef(九)等组成,因此是可以论证,也即有理据的。

与之相似,英语的 thirteen, fourteen, twenty-one 等等,也是"相对可以论证的",而 eleven, twelve 以及 twenty 则属于不可论证或相对不可论证。

也就是说,数词的构成同样存在"最少的组织性和最少的任意性这两个极端",因此,人们也就同样面临一个选择问题——假如可以选择的话。

许国璋在讨论"语言符号的任意性问题"时指出,语言具有 3 种特性:系统性(systematicity)、可分离性(discreteness)与可学会性(learnability)

他进一步补充:"以上三点之中,系统性是最根本的。如果只有分离性而无系统性,语言将是无数不相关联的单位,不仅学起来有很大困难,作为表达工具也非常笨拙。"(许国璋,1997)

很显然,他这里所说的"语言",是就整个人类而言,或曰"人类语言"。不过,既然不同民族具有不同语言,因此也就有必要进一步追问:哪种语言最具系统性?哪种语言不相关联的单位最少?哪种语言不但学起来有很大困难,而且作为表达工具也非常笨拙?

严辰松(2000)认为:"理据性强的系统是可以用简略、经济的规则来描述的系统。这个系统具有一些最基本的成分。根据上述规则,这些基本成分可以组成从简单到复杂的各种形式。规则提供了组成的原则和方法。在这个系统内,任何形式如何推衍而成,根据是什么,都很容易考察。这些基本的组成分子和组合、推衍规则给系统提供了理据。举例来说,自然数系统是所有符号系统中理据性最强的,只要认识 0 至 9 十个数名和它们的顺序,记住各数位(个、十、百、千等)的名称以及顺序,再加上'逢十进一'这一条规则,就能掌握这个自然数系统。掌握这个系统的人能够辨识任何从未见过的数字,说出任何从未说过的数字。自然数系统之所以容易掌握,是因为它的基本分子数量少,组合规则简单易懂。"

由此也就不难回答上述问题。确切地说,并非所有的语言都可以称得上理据性强的系统,自然也就不见得都能用"简略的、经济的规则"来描述,原因就在于:第一,许多语言的数名远远不止 10 个(例如英语有 12 个,法语有 16 个);第二,数词构成并不都遵循"逢十进一"的基本原则(例如英语的 eleven 就不能体现"十加一"的关系,twenty 也难以体现"二乘十")。因此,即使认识了 0 至 9,也仍然不能说出所有从未说过的数字,比如英语的 eleven,法语的 four-twenty(八十),西班牙语的 quinientos(五百)等。

简言之,如果说,"自然数系统是所有符号系统中理据性最强的","自然数系统之所以容易掌握,是因为它的基本分子数量少,组合规则简单易懂",那么,同样的结论也可以赋予汉语。与之相反,"符号任意性的不合理原则"、"如果语言的机构是完全合理的"、"一个本来就很混乱的系统"等措辞则可以不同程度地运用于英、法、德、西等语言。

索绪尔还指出:"在一种语言内部,整个演化运动的标志可能就是不断地由论证性过渡到任意性和由任意性过渡到论证性;这种往返变化的结果往往会使这两类符号的比例发生很大的变动。"

例如,拉丁语的 inimīcus(敌人)一词由 in-(非)与 amīcus(朋友)组成,而法语的 ennemi(敌人)却无从论证。通过对这类例子的对比,索绪尔得出结论:"这些变化已使法语面目全非了"。

同样,假设"人之初",世界上所有语言都以阿拉伯数字为"本来面目",那么很显然,只有汉语(以及日语、朝鲜语等)与其完全保持一致。至于其他语言,其"面目"则多少都有所改变,区别仅在于"全非"还是"部分非"而已,也即经历了由论证性到任意性的过渡。于是要问:这种变化究竟是好是坏? 假如还能变回去,人们究竟会是赞成还是反对?

第三节 "十"与"ten"

自然数系统之所以被认为在所有符号系统中理据性最强,主要得力于两点:一是"成分有限";二是"逢十进一"。两个因素可谓相辅相成,互为因果。一方面可以说,正是因为成分有限,所以不得不采用组合构词的方法,而组合构词的最佳方法就是逢十进一;当然,也可以反过来说,正是由于采用了逢十进一的方法,可以有效组词,从而也就大大减少了基本成分。

英语中的数词系统正好与此相反,即正是因为基本成分较多,所以无须采用组合构词的方法,因此也就用不着逢十进一;或者说,正是因为没有遵循逢十进一,不能有效组词,所以导致了基本成分的泛滥。

一个词是否具有理据,关键在于能否论证,而一个词能否论证,关键又在于能否分解。这也就意味着,凡是有理据、可论证的词都是合成词(包括 worker 这类由两个词素组成的"单体词")。而一个数词能否分解,关键就在于是否包含 10。

阿拉伯数字系统中,10 是一个极其重要的元素,它虽然是一个由基本符号 0 与 1 组合而成的合成数字,但本身又参与其他数字的合成,也即基本数字以外的所有数字都必须由它组合而成——尽管在书写中,"0"被其他数字所覆盖。

汉语与之完全相同——任何一个合成数词中都能找到"十"的身影。这一点无须细说。

英语则与之完全相反——任何一个合成数词中都找不到"ten"的身影。确切地说,ten 仅仅只是用来表达 10 这一个特定数字,然后便将构词任务分别交给了-teen 与-ty,自己却消失得无影无踪。

一个民族采用什么样的构词方式(包括数词),与特定的思维方式密不可分。潘文国认为,在造字构词方面,汉语遵循的是"整体观照",而英语推崇的是"原子主义":

> 汉字的数量现在已发展到 6 万多,常用的也有好几千。要记住这么多字的形体和意义是有困难的,而汉字在长期的发展过程中形成了以形声字为主体、以部首来统率、所有的字以类相从的办法,成功地解决了这一问题。这是一个很聪明的办法,其背后就反映了汉族人善于整体思维的心理特点。如"木"旁,"凡木之属皆从木";"水"旁,"凡水之属皆从水"。这就带来了不少方便。例如,"松、柏、梅、枝、树、林……"等一望而知与树木有关;"江、河、湖、海、洋、池、深、浅……"等一望而知与水有关。这些偏旁就起了把字串连起来的作用,这是一种整体思维的结果,每一个字都

不是孤立的存在,而是一个形类系统的一部分。

　　词汇发展了,从单音词发展到了双音词和多音词,但汉族人仍然沿用了造字的方法来构词。即先确定一个类属大名,然后加以个别区分。例如,先把木本植物通称为"树",然后把各种不同的树分别叫做"松树、柏树、梅树、桃树、李树"等,把与"树"有关的各种事物,分别叫做"树干、树枝、树冠、树墩、树叶"等。"树"在这一系列词里起的作用就相当于原先字里面的偏旁,同样体现了一种从整体着眼来把握局部的思维方法。

　　英语与之相反,我们把英语造字构词的特点叫做"原子主义"。其表现是:① 一个事物一个名称,没有从整体、从事物的联系来命名的习惯。例如刚才举的汉语中从"木"、从"水"的一些字,英语分别叫做 pine, plum, tree, wood, branch … 和 river, lake, sea, ocean, pond, deep, shallow…,从字形上根本看不出其间有什么联系。汉语中"树+*"的双音词,英语中也用不同的来表示,如 trunk (树干)、bark(树皮)、root(树根)、bough(树枝)、foliages(树叶)、stump(树墩)等。这就是重个体思维的结果。②汉语的构词法以复合法为主,组成的词族以义类相观照,是一个开放的群;英语的构词法以加缀法为主,词族的组成以词干为中心,其作用就像是原子核,而各种前缀后缀就像是核外电子(因此我们把它叫做原子主义),每一组这样的词形成一个封闭的词族。在词汇上,最容易看出汉语重整体思维、英语重个体思维的特点。(潘文国,1997)

人们自然要追问:这两种不同的构词方式,有无高下之分、优劣之别? 我们不妨来看王寅的一番论述:

　　人类在认知世界和进行范畴划分时,还必须遵循"经济原则"。"认知经济原则"、"语言经济原则"都是我们社会生活中不可缺少的最基本准则。正如 Rosch 所说:每个生物体都希望从其范畴中得到大量的有关周围环境的信息,同时又尽可能少消耗掉其自身有限的能力资源。有了抽象化的范畴能力,有了可以包容无数事物的概括性词语,才能大大降低认知的复杂性和语言表达的复杂性。对于人类来说,在不影响思维的前提下,一个概念所能覆盖和储存的信息越多越好,所需要的概念越少越好,这就符合认知经济原则。这种认知经济原则就决定了语言表达的经济性原则。因此,认知经济原则和语言经济原则就必然要导致范畴语义的模糊性和词语语义的模糊性。

(王寅,2005)

那么,汉英两种语言,究竟哪一种具有可以包容无数事物的概括性词语,从而大大降低了认知的复杂性和语言表达的复杂性,因此更加符合经济原则呢? 再看王寅的具体分析对比:

英汉两语言在构词上也有千差万别,如汉语中的概括词要比英语中的多得多。汉语在给新事物和概念命名时,往往采用分析法,可在这类概括词前加上表示区别特征的字词来构成新词。汉语的这种构词方法,充分体现了"属加种差"的逻辑性和少量字词表示大量事物的经济性。而英语则多倾向于用综合法,即另用一个词来加以表示,从表面上看不出与其所属大类的概括词有何联系。这不仅给人们识记单词带来麻烦,而且"经济效益"较差。例如汉语中的"酒"可用来构成很多词,而这些词在英语中也都是以不同的单词来称呼的:

葡萄酒	wine, port	红葡萄酒	chianti
烧酒,白酒,烈酒	spirits	味美思酒	vermouth
白兰地酒	brandy	威士忌酒	whisky
啤酒	beer	香槟酒	champagne
鸡尾酒	cocktail	潘趣酒	punch

| 苦啤酒 | ale | 淡啤酒 | lager |
| 杜松子酒 | gin | 朗姆酒 | rum |

　　我国产有几千种酒,一般多是地名(人名等)＋概括词"酒"来构成名称,而英语似不用这类概括词来构成名称。

(王寅,2005)

　　数词的构成方式与之完全相似。汉语的"十"就相当于一个概括词,只要在其前后加上表示区别特征的字词,便可构成新词。且以"X树"与"树X"为例,前者表示"什么树",后者表示"树的什么",其间的关系可谓一目了然。同样,"X十"与"十X",前者表示"几个十",后者表示"十个几",其间的数量关系体现得一清二楚。

　　简言之,正是由于汉语民族崇尚"从整体着眼来把握局部的思维方法",故而具有极强的概括能力(具体例证就在于汉语中的概括词要比英语多得多),于是得以采用"区别特征＋概括字"的构词方法,获得明显的经济效果。反之,英语民族的个体思维导致了综合构词法,从表面上根本看不出与其所属大类的概括词有何联系(比如pine 与 tree),因此"经济效益"较差。"十"与"ten"的对比再次充分证明汉语语言的经济性,更加清楚地看出英语采用综合式构词法(具体词)的非经济性以及识记单词的难度。换言之,假如英语采用ten one, ten two…;two ten, two ten one…这样的构词方式,立刻就能大大提高"经济效益",从而节约能力资源,减轻认知负担。

　　英语数词构成中由于"ten"的缺失,不仅导致数词词汇量的急剧膨胀,大大增加了学习难度,而且更为严重的是妨碍了十进制的形成,而这正是导致两国儿童数学成绩巨大差异的主要原因。赵元任指出:

　　　　知道了"十"叫"十",知道"一"叫"一",知道"十一"、"十二",那就可以从"十三"一直类推到"十九",原则就是"十"以后,底下再加上一个什么,就是加上的意思。比方知道"二十"、"三十",就知道类推到"四十"、"五十"等等;知道"二十一"、"二十二"是怎么样走法子,你就可以知道

"九十九"。一个词汇里头，用不着把"一、二、三、四"一直到九十九每个都放进去，这就是利用这个单位跟那个单位先后的次序。"十二"是"十"加"二"，"二十"是"二"乘"十"，从这先后的次序我们可以造成复合词的结构。

（赵元任，2002）

对于汉语民族来说，这番话其实毫无"深奥"可言，不过就是道出一个人人皆知的普通常识而已——"十二"不就是"十"加"二"，"二十"不就是"二"乘"十"吗？只有学过外语的人才明白，事情远远没有这么简单。比如英语，即使知道了 eleven，twelve，也绝不可能类推出 thirteen，原因就在于，英语的"ten"以后，并不是简单地"底下再加上一个什么"，而是一个与之毫无关联、形式完全不同的新符号。成年人当然知道 thirteen 的意思，但显然绝对不是从 eleven，twelve 类推出来的。

赵元任在论及符号复合体的结构跟对象的结构的关系问题时指出："符号和对象之间的关系，最重要的是看和对象的结构有没有关联。再以汉语的数字系统为例：人们一旦约定'十'后面的数字是加，'十'前面的数字是乘，那么从 11 到 99 就有了一套很有系统性的符号复合体。但这只是非常特殊的情况。总的说来，汉语在是否有足够的结构容量来象征事物间的关系这一点上，和其他著名的语言并无区别。"（赵元任，2002）

表面上看，既然只是一种"非常特殊的情况"，应该也就没有什么大不了的。然而，由于数字在人们生活中占有极其重要的位置，因此，这种"非常特殊的情况"所造成的后果，却实在是"非同寻常"，足以影响到数学成绩的高低。赵元任显然是低估了这一点，或者说，没有根据汉语的数字系统而顺势推论出：英语的数词系统正是因为缺少了"ten"，所以无法作出"后面的数字是加"与"前面的数字是乘"这样的约定，因此从 11 到 99 也就不可能具备"一套很有系统性的符号复合体"，而这种"约定"，以及这种"很有系统性的符号复合体"，实际上指的就是十进制。换言之，正是由于"ten"的缺失，英语儿童很难形成十进制概念。我们这里不妨举两个例子。

第一个实验为用积木表示数字,即任意给定一个数字比如42,要求用相应的积木予以表达。积木分为两种:一种是表示十位数的紫色长条积木;一种是表示个位数的白色方块积木。积木类型的使用不受限制,这就意味着,对于同一个数字可以有多种表达方式。例如42就可用4块紫色积木加2块白色积木,3块紫色积木加12块白色积木,以及42块白色积木等等。根据积木使用的情况,分为三种类型:第一种为标准式(canonical approach),即个位数积木不超过9个;第二种为非标准式(noncanonical approach),即个位数积木超过9个;第三种为单项式(one-to-one collection),即全部使用个位数积木,如图1.1所示:

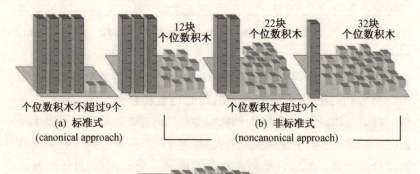

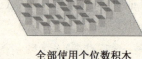

全部使用个位数积木

(c) 单项式

(one-to-one collection)

图1.1 数字42的五种积木表示法

很显然,五种方式中,标准式为最佳方案,它表明被试已经掌握十进制原则,知道42的含义,即"4个10与两个2",故而才能选择4块紫色积木与2块白色积木。

实验对象为日本和美国一年级学生。主试首先向被试展示两种积木之间的关系,即一边数数,一边将10个方块积木一个一个地沿着一个长条积木摆放,以便让被试看清楚,10个方块积木的长度与一个长条积木完全相等,然后再用言语的形式明确告之:Ten of these white blocks are the same as one purple block(10个白色方块积木等于1个紫色长条积木)。最后,给被试出示五个数字11,13,28,30,42,要求他们用积木表示出来。每次实验使用100个方块积木,20个长条积木,足够被试任意挑选。

结果发现,大多数日本儿童都采用了标准式,而美国儿童则主要使用单项式,也即一块一块地简单累加,他们往往要在特意提醒10块个位数积木等于1块十位数积木,并且督促改换方式之后,才渐渐习惯采用标准式。同样的实验用于中国儿童和朝鲜儿童与美国儿童的对比,亦得到类似的结果(Miura,1987;Miura,Kim,Chang & Okamoto,1988)。

由于上述实验对象为一年级小学生,因此,正规教育的作用不是很大。事实上,之所以选择低龄儿童,恰恰就是为了尽可能地减少正规教育的影响。更值得一提的是,受试日本儿童均跟随父母旅居美国,也就是说,他们上的其实是美国学校,接受的是与美国儿童一样的"美式教育",每周仅有半天去日本周日学校补习日语。这就更加充分证明,日本(以及亚裔)儿童在十进制原则上体现出来的优势,与正规教育并没有什么直接关系。

第二项实验实际上是一道简单的加法运算。主试一边数数,一边将 X 块积木放入盒中,然后再以同样的方式将 Y 块积木放入盒中,最后问:现在盒中一共有多少块积木? 在每一次的 $X + Y$ 中,X 总是4或10,Y 则分别为2,5,7,9。很明显,如果被试具有十进制概念,知道"12"就是"10"加"2",则每当 X 为10时,便无须计算,只要将个位数 Y 直接附在后面,便可迅速报出答案。实验对象为4~5岁的中国及英美儿童。结果表明,5岁组的中国儿童有一半知道利用十位数进行"整加",而4岁组中国儿童及4~5岁组英美儿童则均未体现出理解这种关系的迹象。(Ho & Fuson,1998)

我们在"概论"中已经指出,中美儿童数学成绩之间的巨大差异,在很大程度上,主要是由于汉英两种语言数字认知表征方式的巨大差异所造成的。现在则可以更进一步指出,汉英两种语言数字认知表征方式之间的巨大差异,在很大程度上,主要又是由于"十"与"ten"的不同处理方式所造成的,也即影响到十进制概念的形成。后面的论述将对这一问题进行更深入的探讨。

第二章

沃尔夫假说

洪堡特《论人类语言结构的差异及其对人类精神发展的影响》一书的主要论点可以简述为："语言从精神出发,再反作用于精神。"不过,人们通常更多地将这种论点称为"沃尔夫假说"。

关于沃尔夫假说,有一段著名的文字:我们用自己的本族语所划的线切分自然。我们从现象世界中分离出范畴和种类,并不是因为它们客观地呈现于每一个观察者面前;相反,呈现在我们面前的世界是千变万化的印象流,它们是通过我们的大脑组织起来的——在很大程度上是用我们大脑中的语言体系组织起来的。我们将自然进行切分,用各种概念将它组织起来,并赋予这些概念不同的意义。这种切分和组织在很大程度上取决于一个契约,即人们所在的整个语言共同体约定以这种方式组织自然,并将它编码固定于我们的语言型式之中。当然,这一契约是隐性的,并无明文规定,但它的条款却有着绝对的约束力;如果我们不遵守它所规定的语料的编排和分类方式,就根本无法开口说话(沃尔夫,2001)。

卡罗尔对此评论道:这里有几个观点。一是语言以不同方式"切分"现实;另一个是这些语言上的差异是隐蔽的或无意识的,即我们没有自觉意识到我们把物体加以分类的方式;第三,语言的这些差异影响我们对世界的看法。(卡罗尔,2007)

例如,将一些图片呈现给英语和西班牙语儿童,要求他们进行分类,结果发现,大多数都是按照生物与非生物进行的。然而,西班牙语儿童中另有1/3按照语法中的性属概念进行分类(即阳性名词归为一类,阴性名词归为一类),而这种现象英语儿童一个都没有。由此表明,语言性属概念对儿童范畴概念的形成的确具有影响。

再如,"钥匙"一词,德语为阳性,西班牙语为阴性。描述该词时,德国人常用"硬的、重的、锯齿形的、有用的"之类的形容词,而西班牙人则常用"小的、好看的、光亮的"之类的形容词。又如"桥"一词,德语为阴性,西班牙语为阳性,前者常用"漂亮的、雅致的、平静的、细长的"等修饰词,西班牙人则常用"大的、危险的、牢固的、坚强的"等修饰词。由此说明,虽然一个名词的性属通常都是随意的,但一旦确定下来,就势必影响到对该物体的思考。

语言产生于精神并反作用于精神,这一点业已获得大量证明,但能否用之于数学,则似乎还没有取得完全一致的意见。例如,许多人便认为,像历史这样的学科,不但学习环境,而且学习内容的确都与特定的文化密切相关,然而,数学明显属于"文化中立"(culturally neutral),正所谓:"numbers are numbers"(数字就是数字)、"geometric figures are geometric figures"(几何图形就是几何图形),因此,不同文化中基本的数字操作以及几何图形关系应该相同,跨文化对比研究也就没有什么实际意义。

当然,持相反观点的亦大有人在。例如卡罗尔在《心理语言学》一书的中文版序中就特意指出:

> 心理语言学家应该特别关注汉语,这有几个理由。在世界上所有语言中汉语占有特殊的地位,中国是世界上人口最多的国家,汉语是世界上最普遍的口语……
>
> 心理语言学应关注汉语的另一个理由是跨语言研究能使学者区分语言的普遍特征和特殊特征……例如,汉语和英语有许多相似之处。从句法来说,英语和汉语都被认为是"孤立语",因为它们极少用词法,而且基本上是依靠词序来表明意义。英语和汉语在词序方面都很严格,学习这种语言的儿童习得他们母语的词序似乎都比较容易。
>
> 心理语言学关注汉语的第三个理由是,它能为语言相对性假说提供某种视角……汉语中称呼数的系统是符合逻辑的(如十八、三十五),而英语中则比较任意(如 18

（eighteen）,35（thirty-five））。具体地说,0和10之间以及超过100的数,英语和汉语是相似的,但在11和99之间,差别很大。研究发现,中国的学校儿童比说英语的相应儿童早学会数的名称和数数,但只是在11和99之间。因此,不同的称名系统影响儿童对数的思维。

其中明确指出,汉语的称名系统(也即命名系统)"符合逻辑"。众所周知,符合逻辑的东西通常要比"比较任意"的东西更加容易学习,这一点显然绝不仅仅止于学习数的名称与数数,而是更进一步涉及数学本身的学习,也即影响到对数的思维。本章拟讨论几个有关的问题。

第一节　水平面问题

所谓"水平面问题",指的是一个瓶子,无论怎么倾斜,里面的水始终维持水平状态。这个问题最早由皮亚杰等(1956)提出,目的是为了测试儿童的空间知觉能力,称为"水平面作业"（Water-level Task,WLT）。图2.1为一道WLT测试题,左上方的长方体代表一个虚拟的瓶子,虚线代表想象中的水平线。很显然,α角度越小,答案便越精确。按照皮亚杰的观点,完成WLT的关键在于能否利用欧几里得参照系统来组织空间知觉。

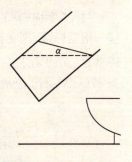

图 2.1　WLT 测试题

皮亚杰认为,儿童九岁左右开始进入具体操作思维（concrete operational thought）,能够在同一个参照系统中将横轴与纵轴组合成一个坐标,也就基本上可以完成WLT了。

然而,随后的研究表明,事情似乎并没有这么简单。例如,20世纪60年代,Rebelsky（1964）便发现,许多大学生甚至研究生都不能完成WLT测试。随后进行的十多项研究均证实了这一事实。Vasta等(1996)指出:至今仍然未能弄清,像这种无论杯子如何倾斜、水面始终维持水平的现象,日常生活中极为常见,为什么会有如此多的成人弄不明白。

尤其值得一提的是,女性在这方面的能力远远不如男性。例如,

Witting 等(1984)的 WLT 测试中,便有 17% 的美国男大学生及 40% 的美国女大学生未能顺利通过。有的女生甚至回答:"瓶子直立时,水面是平的,瓶子倾斜时,水面也跟着倾斜"(Water is level when the bottle is upright, but is inclined when the bottle is tilted.)(Thomas, 1973)。

尤其值得一提的,Vasta(1996)研究的题目为:"空间训练能够消除 WLT 中的性别差异吗?"(Can spatial training eliminate the gender differences on the water-level task?)。言下之意,空间能力的性别之差堪称与生俱来,后天无法补救。Thomas(1973)等的研究"单靠观察不足以发现静水水面总是水平的"(Observation is insufficient for discovering that the surface of still water is invariantly horizontal)发现,对于那些不知道这一原理的女大学生(大约为 50%),即使参加专门设计的作业,也很难提高自行发现这一概念的能力。

与"水平面问题"类似的还有"垂直线问题",即如果在货车中悬挂一根铅锤线,则无论货车处于什么样的坡度,铅锤线始终与地面保持垂直(见图 2.2)。对大学生进行实验,男生正确率为 66% ,女生为 47%(Vasta, 1996)。

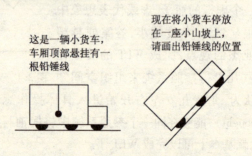

这是一辆小货车,车厢顶部悬挂有一根铅锤线

现在将小货车停放在一座小山坡上,请画出铅锤线的位置

图 2.2　垂直线问题示意图

以上研究是以人类为整体进行的,然而,众所周知,人的生理结构虽然相同,但后天却受到不同语言文化因素的影响,那么,不同文化之间,WLT 的难度是否完全一致呢?不少研究力图对此寻求答案。例如,有人发现,亚洲学生解决空间任务的能力高于美国学生(Iwawaki & Vernon, 1988)。还有人发现,在解决"九点阵问题"上,

中国 6 ～ 18 岁被试的成绩均超过同龄美国人（Li，1991；Li & Shallcross，1992）。Li 等（1996）的进一步研究显示，中国学生 WLT 作业的成绩亦大大超过美国学生。

（注：“九点阵问题”指要求用四条直线将平面上 9 个点相互联结起来，既不允许重复，也不允许离开纸面。见图 2.3。其要点是，虽然 9 个点组成 1 个方块，但线条却必须延伸至方块之外。）

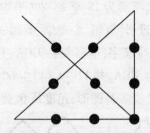

图 2.3　九点阵问题示意图

一个人几何知识越丰富，便越是熟悉欧几里得参照系统，空间能力自然也就越强。中国学生从中学开始学习几何，每周大约 5 个课时，6 年不间断。而美国的情况则不一，以马萨诸塞州为例，高中生平均每周大约 4 个课时，学习时间仅为 1 年。

学习时间既然如此悬殊，学习成绩出现差异也就不足为怪。“第 3 届国际数学及科学研讨”（The Third International Mathematics and Science Study，TIMSS）发现，亚洲（新加坡华裔、日本、朝鲜）七年级学生的几何成绩远远高于美国学生。亚洲学生的成绩在国际平均水平以上，而美国学生的成绩则在平均线以下。由于欧几里得空间系统通常是通过几何学习而逐渐形成的，因此，几何训练越多，WLT 能力自然也就高。

然而，除了几何知识以外，语言因素是否也起作用呢？要想证实这一点并非易事，因为几何知识与语言水平几乎是同步增长的，小学生与中学生之间显然就缺乏可比性，文盲与文化人就更不可能相比了。Li 等（1996）找到了一个巧妙的解决方法，即选择美籍华人来进行对比。众所周知，美籍华人后代的汉语水平相差悬殊，有的依旧保存,有的则基本丧失——尤其是汉字书写。既然他们都是在美国上学,几何知识自然大致相等,因此,如果 WLT 作业成绩有所不同的话,那就完全可以到语言中寻找原因。

被试分为三组。第一组为 295 名北京一年级大学生,简称 BC(男生 107 名,女生 188 名),年龄为 19 至 24 岁(平均 20 岁),专业分别为艺术、物理、数学、计算机、汉语、历史。第二组及第三组为马萨诸塞州的华裔大学生,年龄为 18 至 23 岁(平均 19 岁),专业分别为科学、工程学、工商管理、计算机、心理学、英语、社会科学。后两组的区别仅仅在于是否会写汉字,前者简称 CCA,共 42 人(男生 21 名,女生 28 名),后者简称 NCA,共 129 人(男生 60 名,女生 69 名)。测验如图 2.4 所示,一共有 8 种图形,角度从 0°到 225°不等。

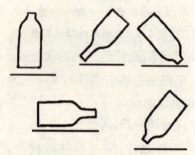

图 2.4　水平面问题测试图例

测试结果如表 2.1 所示。

表 2.1　中国学生、会写以及不会写汉字的华裔学生 WLT 测试平均正确率

%

分组	男学生(人数)	女学生(人数)	总计(总人数)
北京华人(BC)	96(107)	89(188)	92(295)
会写汉字的美籍华人(CCA)	96(21)	88(28)	91(49)
不会写汉字的美籍华人(NCA)	87(60)	86(69)	86(129)
总计	93(188)	88(285)	90(473)

表 2.1 数据显示,中国男学生(BC)的成绩最好,不会写汉字的华裔女学生成绩最差,这样的结果显然已在预料之中。因为第一,中国学生的几何知识多于美国学生;第二,男性 WLT 作业成绩高于女性。两个因素加在一起,自然更进一步拉开了其间的距离。不过,也有两项对比与预料完全相反,值得注意:第一,CCA 男生的成绩高于BC 女生(96% ∶89%);第二,CCA 女生的成绩高于 NCA 男生(88% ∶87%)。也就是说,尽管 CCA 的几何知识一般不如 BC,尽管女性WLT 作业成绩一般不如男性,但只要会写汉字,情况便有可能发生逆转,前者便有可能反超后者。这似乎表明,对于空间能力的培养,书写汉字所起的作用甚至超过几何知识。事实上,该项研究虽然也总结出汉字与几何两个原因,但重点其实主要在于前者,这一点从标题亦不难看出:"书写汉字对于完成 WLT 作业的影响"(The effect of writing Chinese characters on success on the water-lever task)。其结论更是明晰:汉字书写能力有利于培养欧几里得系统空间知觉能力(ability to wrtie the Chinese language may facilitate spatial perception in an Euclidean system)。其原因就在于,汉字书写最初就是在由横线与纵线构成的田字格、九宫格等练习本中进行的,无形之中也就建立起欧氏空间系统。后来的书写尽管不再局限于有形的方格,但"横平竖直"的概念早已根深蒂固,从而不自觉地寻找虚拟的参照物。而完成 WLT 作业的关键就在于能否找到这样一条参照线。

Hoosain 等(1975)认为,学习一种与母语完全不同的书写方式有利于提高视觉—书写运动能力(visual-graphomotor)。例如,波斯语的书写方式是从右到左,然而,学了英语的伊朗儿童在镜像图画(mirror drawing)测试中的成绩要高于单语伊朗儿童,因为在这种试验中,被试从镜子中获得的视觉都是反的,因此必须学会另一种视—动觉配合(visual-motor coordination)。作者由此推断,学会书写汉字应该也会产生同样的效果。

这一点显然不难证实。汉语除了从左至右与从右至左以外,还有从上至下第三种排列方式(甚至即使是从下至上也照样可以阅读),因此完全有理由推断,中国儿童镜像图画测试的成绩最好,或者说,视—动觉配合能力最强。

Freeman(1980)通过试验发现,如果将杂乱的字母按垂直方向与水平方向两种方式排列,则前者的识别难度要比后者大得多,说明横向排列字母的视觉敏度要强于纵向排列字母(visual acuity is better for letters in rows than in columns),也即字母语言民族识别左右排列的能力远远超过识别上下排列的能力。这一点不难证实。我们只要做个小试验,将几个汉字与几个字母分别垂直写出,立刻就能发现,前者一目了然,后者不知所云。正因为如此,一份中文报纸常常可以见到三种标题排列方式,而这在英语中是根本不可能的。

不过,需要指出的是,这种空间能力与基因遗传毫无关系。Freeman 的试验发现,在美国长大的中国儿童类似于美国儿童,同样难以识别垂直排列的字母。反之,刚刚学了字母但尚不会阅读的美国儿童对于垂直排列与水平排列的字母识别能力却没有什么区别。而他们长大后之所以会丧失这种能力,显然与特定的语言环境有关,或者说,视觉敏度的形成与字母的排列方式密不可分。正因为美国儿童从小接触的是横向排列,因此也就培养出了对水平排列方式的最佳视觉敏度(finest acuity develops correspondingly for horizontal displays)。

从某种程度上看,这十分类似于语言习得。众所周知,一个人讲什么语言,与遗传基因毫无关系,而是完全取决于后天环境。在美国长大的中国孩子不会讲汉语,在中国长大的美国孩子不会讲英语,这都是生活之中常见之事。这也就意味着,任何一个正常人,在出生之际,是完全有可能天然学会世界上任何一种语言的,唯一的条件就是在该语言环境中成长;反过来,也正是因为成长于特定的语言环境之中,除了该语言以外(暂且排除双语环境),自然习得其他语言的天赋能力也就从此全部丧失,必须依赖于后天的努力才能重新获得。

以上研究则进一步表明,人的这种天赋能力并不仅限于语言,实际上还包括一定的空间认知能力。也就是说,全人类所有儿童初生之际都具备一种"朦胧的"多维空间能力，只是由于后天生长于特定的语言文字环境之中，于是有的因为受到激发而得以日益完善，有的则因为受到限制而逐渐丧失。

鉴于汉字与空间能力的关系，这里似乎有必要说说有关汉字的"存废"问题。首先来看鲁迅的有关言论：

> 大众语文的音数比文言和白话繁，如果还是用方块字来写，不但费脑力，也很费工夫。连纸墨都不经济。为了这方块的带病的遗产，我们的最大多数人，已经几千年做了文盲来殉难了，中国也弄到这模样，到别国已在人工造雨的时候，我们却还拜蛇，迎神。如果大家还要活下去，我想：是只好请汉字来做我们的牺牲了。……不错，汉字是古代传下来的宝贝，但我们的祖先，比汉字还要古，所以我们更是古代传下来的宝贝。为汉字而牺牲我们，还是为我们而牺牲汉字呢？这是只要还没有丧心病狂的人，都能够马上回答的。（《汉字和拉丁化》）

> 方块汉字真是愚民政策的利器，不但劳苦大众没有学习和学会的可能，就是有钱有势的特权阶级，费时一二十年，终于学不会的也多得很……所以，汉字也是中国劳苦大众身上的一个结核，病菌都潜伏在里面，倘不首先除去它，结果只有自己死。（《关于新文字》）

鲁迅囿于时代的局限，说出一些过激的话，尚属情有可原，然而，遗憾的是，时至今日，仍然有人固守这样的观点：

> 汉字是一种低效率文字，这个事实没有发生变化。它依旧是文化发展的包袱。（周有光，2004）

> 中华民族动辄以上下四千年文化为荣。而中华文化的发源地是黄河，中华文化的基石是汉字。黄河和汉字是中

华文化的藤干。不过自从夏禹治水,国人都知道中华文化摇篮的黄河是中国的大患,但时至今日究竟有多少人能体悟到汉字在中华文化的未来发展中是一块绊石,是一双紧鞋,是一种毒癌。(孔宪中,1997)

再看一段批评:

王君(王开扬)将汉字与裹脚布、长辫、太监制度相提并论,这是很不严肃的断章取义的辩论法。……汉字为中国特有,其性质同裹脚布、长辫、太监制度为中国所特有迥然不同。因为裹脚布和太监制度是我国旧社会的畸形现象,留长辫是满族人进关后强迫汉人采用的习俗,而汉字却是没有阶级性的、新旧社会同样使用的符号,所以绝不应将汉字同前三样东西相比附;何况现在和可见的未来中国还使用汉字,汉字同汉语一样,与民族感情紧密相连。因此王君的这种很不恰当的类比只会伤害中国人的民族感情。(伍铁平,1997)

之所以说汉字是一种"低效率文字",之所以要提倡"汉字拉丁化",一个主要原因就是:汉字难学。也即正如鲁迅所说:"汉字和大众,是势不两立的。"

汉字到底难不难学,不是这里所要讨论的问题。我们关心的是:假如真的有朝一日废除汉字,真的由此获得一种不但"简单易学"而且"高效率"的文字,那么,是否也会因为丧失汉字从而丧失一定的空间能力甚至数学能力呢? 例如,Ginsburg 等(2003)就认为,有必要进一步了解:"汉语儿童必须学习书写复杂的汉字,与美国儿童相比,这种学习是否更加有利于培养视觉能力甚至数学能力?"(Does the need to learn the intricacies of characters make Chinese children more visually oriented (and hence more mathematically oriented) than Americans?")

Li 等(1996)在结论中写道,本研究表明,书写汉字能够有助于训练空间概念,这或许会鼓励中国内地、香港、台湾和新加坡、日本青年学习本国书写语言(引者注:由于日语中使用了大量汉字,故而汉字也被日本人视为 native written language)。而且,这一结果也许还会激发美国学生学习汉语的兴趣。

美国人是否会从此积极学习汉语,我们不敢奢望,但 WLT 研究至少应该对国内汉字教学有所启迪。既然书写汉字有利于空间知觉能力的发展,那么,越早学习书写汉字,岂不是就能越早开发空间知觉能力? 尤其值得注意的一个问题是,由于电脑的日益普及,越来越多的人远离了书写,甚至出现所谓"提笔忘字"的现象,因此,小学阶段更有必要大力加强写字课的训练,尤其是毛笔字。遗憾的是,由于英语的日益渗透,甚至已经进入幼儿园,汉字书写教学几乎已经到了可有可无的地步,希望能够引起有关方面的重视。

第二节 基本关系概念

认知能力的发展,在很大程度上依赖于空间、时间、数量等基本关系概念(basic relational concepts)的掌握,例如上下左右、大小多少等等,以便用来描述物体、解释事件、组织经验。上一节通过对"水平面"问题的讨论得知,汉语民族的空间能力优于英语民族,那么,其他基本关系概念的掌握情况又如何呢? Zhou 与 Boehm(2001)用"贝姆基本概念测验改编版"(Boehm Test of Basic Concepts-Revised,BTBC-R)对中美幼儿园、一年级、二年级儿童进行测试,发现两国儿童掌握基本概念的速度并不相同,甚至可以说相差悬殊。下面就来介绍有关内容。

该项研究主要探讨两个问题:第一,不同语言之间词汇丰富性(lexical diversity)与词法复杂性(morphological complexity)是否会影响儿童基本关系概念习得的速度;第二,基本关系概念发展过程中,这些概念因素与语言差异之间在多大程度上相互产生影响。

实验包括 50 个基本概念,研究人员用两种方式对所得数据进行了分析。第一种为 100% 通过率,也即某个特定概念为所有儿童掌握,结果如表 2.2 所示。

表 2.2　中美儿童基本概念掌握情况对比(1)

	幼儿园		一年级		二年级	
	概念个数	通过率	概念个数	通过率	概念个数	通过率
美国	1	2%	6	12%	17	34%
中国	4	8%	21	42%	33	66%

　　如果将通过率降至95%(或以上),也即某个特定概念为95%(或以上)儿童掌握,则结果如表 2.3 所示。

表 2.3　中美儿童基本概念掌握情况对比(2)

	幼儿园		一年级		二年级	
	概念个数	通过率	概念个数	通过率	概念个数	通过率
美国	16	32%	28	56%	41	82%
中国	24	48%	48	96%	47	94%

　　将两种分析方法予以比较,不难发现,二者之间的差距大不相同。以幼儿园为例,如果以100%的通过率为标准,两国儿童的比例为1∶4,而如果以95%的通过率为标准,则比例缩小为16∶24也即2∶3。换言之,如果采用前一种标准,中国儿童掌握的基本概念要远远多于相应的美国儿童,而如果采用后一种标准,则只有中国一年级儿童远远多于美国儿童。故而研究人员将后者称为"更加仁慈的标准"(more lenient criterion)。至于为什么要"仁慈",以及对谁"仁慈",读者自然不难体会,也就无须多说了。

　　研究人员还将某些易受不同文化影响的概念抽出,专门进行了对比,如表 2.4 所示。

表 2.4 影响通过率的主要文化差异分析表

概念	幼儿园			一年级			二年级		
	美国 (1 370人) 通过率%	中国 (100人) 通过率%	h值	美国 (1 141人) 通过率%	中国 (100人) 通过率%	h值	美国 (1 529人) 通过率%	中国 (100人) 通过率%	h值
最 窄	63	95	-0.86"	74	99	-0.87"	78	99	-0.76"
最 少	41	94	-1.26"	69	99	-0.98"	85	99	-0.60"
分 离	67	100	-0.86"	89	100	-0.68"	—		
在上面	87	100	-0.74"	94	100	-0.50"	—		
在前面	82	99	-0.68"	—			—		
在下面	88	100	-0.71"	—			—		
邻 近	99	64	-1.09"	—			—		
中 心	76	98	-0.74"	—			94	100	-0.50"
在后面	—			—			93	100	-0.54"
跳 过	—			—			96	81	-0.50"
右 边	—			84	99	-0.62"	93	100	-0.54"

概 念	年 级											
	幼儿园			一年级					二年级		
	美 国 (1 370 人) 通过率%	中 国 (100 人) 通过率%	h 值	美 国 (1 141 人) 通过率%	中 国 (100 人) 通过率%	h 值			美 国 (1 529 人) 通过率%	中 国 (100 人) 通过率%	h 值
一些	—	—	—	93	100	−0.54″			92	100	−0.57″
中间	—	—	—	85	99	−0.57″					
左边	—	—	—	79	99	−0.75″					
成对	—	—	—	55	86	−0.70″					
不同	—	—	—	93	100	−0.54″					
比赛	—	—	—	93	100	−0.54″					
第三	—	—	—	93	100	−0.54					
之间	—	—	—	94	100	−0.50″					

不难看出，美国儿童仅仅只是在两个概念上的通过率（passing）高于中国儿童，即幼儿园阶段的"邻近"（next to）（99：64）与二年级阶段的"跳过"（skip）（96：81）。

中国儿童基本关系概念的掌握为什么远远多于美国儿童，作者总结了5个原因。

一、汉字与书写（Chinese characters and writing）

汉字的书写练习是在方形的田字格中进行的，因此，汉语本族语者自幼便需熟悉空间结构，即严格区分上与下、左与右、内与外的相对位置。此外，汉字的书写极其讲究顺序，例如，先上后下、先左后右、先外后内。正因为如此，中国儿童对于"上"、"下"、"左"、"右"等空间概念的掌握大大早于美国儿童也就不奇怪了。

二、汉字与词（Chinese characters and words）

汉语的词大多由一个或几个汉字组成，也即由数量相对有限的字组成数量庞大的词，或曰"熟字生词"。因此，许多词即使是第一次遇见，但只要认识组词之字，便不难猜测其意。正是由于可以十分方便地利用熟字来组词，于是汉语儿童在理解词义以及概念上占据了极大的优势。例如，有实验发现，学龄前儿童仅仅根据"鬥"字，便能够顺利地猜测出"鬥殴"的含义。汉语这种构词法十分有利于幼儿概念理解能力的发展，从而能够应付更加复杂的词法表达式。

三、最高级构成形式（the formation of superlative）

英语的最高级由后缀-est 加形容词构成，汉语则是在形容词前面加上一个"最"字。两者相比，前者对于语言上的要求更多，掌握的时间也就较晚；与之相反，后者的意思可谓直截了当，而且词法复杂性也不因"最"字而相应增加（not involve increased morphological complexity）。从表 2.4 中"最少"（fewest）两国儿童的通过率（41：94）就不难看出，汉语儿童掌握"最窄"、"最少"这类概念要比英语儿童容易得多；相反，-est 这种构词方式则对英语儿童的理解形成了相当大的难度。

四、汉语序数词系统(the Chinese ordinal number system)

汉语序数词的构成极其简单——只需在基数词的前面加个"第"字即可。与之相比,英语的序数词则相当复杂,例如 one 与 first,two 与 second 之间就毫无共同之处,其学习自然也就难得多。关于这一点我们后面还将详细讨论。研究人员这里之所以提到序数词,显然还是从构词的角度出发,也即就词法复杂性而言,汉语要远远低于英语,自然也就简单得多。

五、汉语词语的精确含义(the precise meaning of the Chinese words)

由两个汉字组成的词能够表示更加精确的含义,例如"吃饭",就包括了"eat"与"rice"两个概念。中国儿童基本关系概念的理解之所以超过美国儿童,其中一个原因很可能就在于,汉语中一个概念的含义是由几个汉字共同表达的,因而更加方便适用。与之相反,英语词汇便复杂多了,因为每一个词都不止一个意思。例如,a few 就可以表示 some(一些)以及 a small number(少量);medium 可以表示 middle(中间)以及 a means of conveying something(媒介)。尤其是 before 与 after,既可以表示时间(before 5 o'clock;after lunch),又可以表示空间(before the horse;after the bike),而汉语只能表示空间。

笔者以为,五条之中,最重要的当数第一条。而 Zhou 等将其排在第一,想必也是出于同样的考虑。换言之,其余四条之所以成立,主要还是得力于汉字的使用。

我们这里再补充一个有关"比较"的例子。

Mayer 认为,任何应用题都可以描述为由一系列独特命题组成的模板(templates)。这些命题包括:赋值命题(assignment proposition),用以说明一个变量的数值(比如"张三重 50 公斤");赋值命题后面通常跟着一个关系命题(relational proposition),用与另一个变量的关系来定义一个变量(比如"李四比张三重 10 公斤");最后是关于未知量的一个问句命题(question proposition)(比如"李四重多少公斤)。记忆研究表明,关系命题比赋值命题更难回忆,或者说,被试更有可能把关系命题回忆成赋值命题,而很少将赋值命题回忆成关系命题(Mayer,1981,1982)。

这是就英语被试而言,那么,假如换成汉语被试,情况又会如何呢?笔者没有见过有关实验,无法回答,但不妨参考 Cai(1995)的一项研究来进行推测。先看两道题目:

(1) Which number sentence is correct? (哪个句子能正确表达以下数量关系?)

Ann and Rose have 20 books altogether. (安和罗斯一共有 20 本书。)

　　a. Ann's books ＝ Rose's books ＋ 20(安的书＝罗斯的书＋20。)

　　b. Ann's books ＋ 20 ＝ Rose's books (安的书＋20＝罗斯的书。)

　　c. Ann's books ＋ Rose's books ＝ 20(安的书＋罗斯的书＝20。)

　　d. Ann's books ＝ Rose's books(安的书＝罗斯的书。)

(2) Which number sentence is correct? (哪个句子能正确表达以下数量关系?)

John has 5 more marbles than Pete. (约翰比彼特多5个弹珠。)

　　a. John's marbles ＝ 5 ＋ Pete's marbles(约翰的弹珠＝5＋彼特的弹珠。)

　　b. John's marbles ＋ 5 ＝ Pete's marbles(约翰的弹珠＋5＝彼特的弹珠。)

　　c. John's marbles ＋ Pete's marbles ＝ 5(约翰的弹珠＋彼特的弹珠＝5。)

　　d. John's marbles ＝ 5(约翰的弹珠＝5。)

题(1)涉及"加法命题"(additive proposition),题(2)涉及"关系命题"(relational proposition)。对中美六年级学生进行测试,结果发现,对于加法命题的题目,两国儿童成绩十分接近,但对于关系命题的题目,则中国学生优于美国学生。

Cai 认为,这与不同语言的表达方式有关。汉语表示比较时,主要借助一个"比"字,例如"张三(的年纪)比李四大五岁"、"张三的弹子球比李四多五个"，因此能够明确表示出关系命题中的"比较性质"（comparative nature）。而英语的"John has 5 more marbles than Pete"中，仅有一个"more… than"，含义不是十分明确，故而很容易被儿童误解为"John has 5 marbles"。这很可能就是 Mayer 的记忆测试中，被试为什么会将关系命题回忆成赋值命题的原因。当然，即使对于中国人来说，关系命题同样要比赋值命题复杂，同样也有犯错误的时候，但至少可以借助"比"这样一种特殊结构来降低错误率。

Zhou 等的文章还提到中国的独生子女问题，认为正是由于家家都只有这么一个"小皇帝"或"小公主"，家长格外重视，着手培养，于是才导致了语言能力的进展，从而为其他认知能力的发展打下基础。这显然又回到"非认知因素"上来了。然而，Stevenson 等的研究已经表明，美国家长其实更加注重孩子语言能力的发展，甚至远远超过中国家长，但为何美国儿童基本关系概念的发展却依然落后于中国儿童呢？尤其是"比"与"more… than"这两种不同结构所造成的区别，就更不是"非认知因素"所能消除的。

文章最后还提到一个美国多元文化状况下的"儿童教育"问题。更确切地说，就是在英语这种强势文化的背景下，如何依旧保护民族文化，维持民族语言。

由于第一作者是华人，我们当然可以认为，这是在提醒美籍华人不要"忘根"，尤其是不要丢了汉字。这样的忠告当然需要牢记，其他所有民族也都应该聆听。但问题在于，双语（双文化）是否一定就强于单语（单文化）？或者说，任何一个人学了外语以后，只要仍然保持了民族语言，其认知能力是否就一定强于只懂一种语言的"单语人"，比如，只懂英语的美国人？

维持民族文化与民族语言，其实本来是一个无须讨论的问题——除非铁了心要抛弃热土，成为"异族"。然而，如果将这一问题与基本关系概念的发展联系起来，恐怕性质就完全不同了。

该项研究表明，汉语儿童基本关系概念的掌握之所以强于英语民族，主要得益于 5 个语言上的原因。然而，问题在于，并非所有的文化都能给予这样的语言支持——尤其是书写汉字,这也就意味着,其他民族即使保留自己的语言,恐怕也不能保证更加有利于基本关系概念的学习——更不能说强于英语民族。

Zhou 认为,只要了解了英语与其他语言结构上的差异,以及语言的不同特点是如何影响概念能力发展的,就能够予以更加有效的心理教育评估,设计出更加有效的课堂教学以及适当的补救方法。比如:让儿童分别使用母语和英语理解基本关系概念,那么,在对这种理解进行评估时,就会考虑到每种语言的语汇丰富性与词法复杂性等等语言因素都不一样,而这些因素对于某些基本关系概念的学习会起到帮助或者阻碍(assist or impede)的作用。

虽然他们没有明确指出,哪些语言帮助基本关系概念的学习,哪些语言阻碍基本关系概念的学习,但我们完全可以自豪地说:任何一个民族,学了汉语以后,绝对有助于基本关系概念的发展;然而,反过来恐怕就难说了。

简言之,学习英语是为了有利于国际交流,保留母语是为了留住文化之根。然而,若是论及促进基本关系概念的发展,恐怕只能说仅限于汉语(以及使用汉字的其他语言)。

第三节 麻烦的 Teens 模式 (Troubled Teens Model)

概论中通过一幅漫画我们已知,英语由于特异的数词命名方式,容易诱使儿童将"seventeen"误写成"71"。成人固然不会犯这种低级错误,但这并不足以证明从此就能完全摆脱英语数词命名系统所施加的影响。本节介绍 Miller 等(1991)的一项研究"Teen 的麻烦:了解数词结构"(The Trouble with Teens:Accessing the Structure of Number Names。)

众所周知,英语 11～19 的构成规律为基数词加-teen(eleven 与 twelve 为例外),故而称为 teens。这种"别具一格"的构词方法首先就给学习增加了极大的负担,也即所谓的"trouble with teens"。然而,由 teens 所导致的麻烦绝不仅限于儿童学习数词以及简单运算等,而是一直延续到数词结构的"进入"(accessing)。该项研究的主要目的就是为了弄清口语数词结构在成人数字信息的处理中是否会起作用(whether the structure of spoken numbers plays a role in the processing of numerical information by competent adults)。

且以数字反转作业为例。所谓反转作业,指的是随便给予一个数字比如"24"(称为"刺激数字"),被试需将其反过来说成"42"(称为"反应数字")。

表面看来,非常容易——只要将两个数字相互颠倒即可。然而,这只是就阿拉伯数字而言,也即仅仅涉及"写",如果改为"说"的话,情况就没有这么简单了。

上述两个数字,汉语分别读作"二十四"与"四十二",英语分别读作"twenty-four"与"forty-two"。很显然,无论是正读还是反读,两种语言都可谓不假思索,张口即来。

通过实践不难体会,数字反转作业是按照从右至左的顺序依次进行的,即先将刺激数字(24)的个位数升值为反应数字(42)的十位数,再将刺激数字的十位数降值为反应数字的个位数。以英语为例,先将"twenty-four"中的"four"升值为"forty",再将"twenty"降值为"two"。换言之,眼睛看见的是"4",嘴里说的是"forty"(或"40");眼睛看见的是"20",嘴里说的是"two"(或"2")。如果仅就数字本身而言,则大致可以称得上"言行一致",即:看见几就说几,只是说完以后还须对十位数与个位数进行相应的转换。

然而,现在要问,这样的转换模式是否屡试不爽、畅通无阻?

且看一例:"71→17"。

汉语仍然言行一致:在对71进行反转时,看见"1"说"(一)十",看见"70"说"七",也即"七十一"与"一十七"仍然堪称正反相对,颠倒自如。然而,一旦换成英语,顿时感觉失言——"seventy-one"根本不可能反过来读作"one seventy"!

仔细分析不难发现,与"24→42"相比,"71→17"要麻烦得多。首先,"24→42"中有一个为二者共享的-ty,因此只需从"twenty"转换到"forty"即可。与之不同,"71→17"则只有一个-ty,却多了一个-teen,这就意味着,在转换过程中,不得不额外完成"丢失-ty"与"添加-teen"两项任务。其次,看见"1"不能说"ten",而必须说 teen,这还没什么,因为 seventy-one 中本来就没有 ten,而只有-ty;更大的麻烦在于,尽管"one→teen"已经转换成功,但话到嘴边却不能马上出口,因为 teen 在反应数词 seventeen 中位于词尾,因此必须等待词首成分的出现,也即第二轮转换:seventy→seven。这也就是说,眼睛看见的是"1",嘴里必须说"seven"。当然,为了言行一致,也可以采用另一种模式,即反其道而行之,从左至右,先处理十位数:seventy→seven,再处理个位数:one→teen。

数字反转的本质其实就是两个数字的十位数与个位数相互进行交换。因此,一个数字能否顺利反转,取决于两个条件。第一,十位数与个位数能否分解。这一点对于汉语来说不成问题,例如"十七"可以分解为"十"与"七",对于英语的 decades 来说也不成问题,例如"twenty-four"可以分解为"twenty"与"four"。麻烦出在 teens,例如"seventeen"就不能分解为"seven"与"teen",因此也就无法按照正常模式反转。第二,十位数与个位数的先后次序是否正确。假如英语的 17 不是 seventeen 而是 teenseven,那么,虽然还是不能分解,但至少十位数在前,个位数在后,因此,"71→17"也就可以采用从右至左的常规模式,分两步完成:"one→teen"与"seventy→seven"。

由此可以总结一个规律,即:数字反转时,如果刺激数字以"1"结尾,则意味着反应数字为 teens,而由于 teens 的构成与 decades 完全不同,因此也就不能采用常规方式,只能"另辟蹊径"。相比之下,后者显然要麻烦得多,故而称为 troubled teens model,简称 TTM。

所谓"麻烦的 teens"(troubled teens),显然是指数字信息处理中,更加容易出错;而要想避免出错,自然也就需要更多的时间予以考虑。Miller 等(1991)为此作了实验,予以证实。

实验对象为 51 名美国心理学专业学生。实验材料为四种类型的数字反转作业:① "Tens→Teens",即由 decades 反转为 teens,例如

"71→17";② "Teens→Tens",即由 teens 反转为 decades,例如"17→71";③ "Tens→Tens"(larger first),即由 decades 反转为 decades,不过大数字在前,小数字在后,如"42→24";④ "Tens→Tens"(smaller first),与③相似,不过小数字在前,大数字在后,如"24→42"。

英语数词的构成大致可以分为三类:10 以内为基本数词,11～19 为 teens,20 以上为 decades。数字反转涉及两位数,因此仅限于后两类。第三类比如"24→42",无论是刺激数字还是反应数字,都属于 decades,故而称为 within-class reversal(界内反转)。第二类比如"71→17"的两个数字分别则属于 decades 与 teens,因此称为 between-class reversal(跨界反转)。人们很自然地会猜想,跨界反转涉及两种类型的数词结构,其难度是否比界内反转大呢?

测验结果如图 2.5 所示。

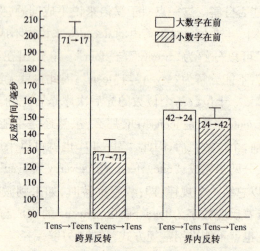

图 2.5 英语数词数字反转作业测试结果

四种反转作业中,"71→17"耗时最长,说明难度最大。相反,"17→71"耗时最短,说明数字反转的难度与是否跨界毫无关系。换言之,其余三种作业都可以采用从右至左的常规模式,只有当反应数词为 teens 时,必须改用从左至右的 TTM。

其中尤其值得注意的是"21→12"。虽然 twelve 名列 teens,但实际上是个"另类",其构成规则与所谓的 true teens 完全不同。实验发现，"21→12"所需时间多于"71→17"，说明难度更大。作者没有给出原因，我们不妨略作分析。首先，true teens 虽然不能分解，但至少还是双音节词，勉强可以视为合成词，而 twelve 则为单音节词，是一个完全不可分解的整体。其次，更重要的是，true teens 的十位数与个位数虽然相互颠倒，但至少两者俱在，并未告缺，而 twelve 则根本看不出"位数"来。既然数字反转涉及十位数与个位数之间的相互交换，这实际上也就意味着，在英语数词系统中，"21→12"之间根本不存在反转关系。事实上，也根本没有人会认为 twelve 是由反转 twenty-one 而来的，而只会将它们视为两个完全不同的词。依此类推，"Tens→Teens"充其量也不过是"半反转"而已，只有"Teens→Teens"与"Tens→Tens"才真正称得上反转。

Miller 等认为，由于 teens 是西方语言所独有的一种特殊现象，人们自然也就会想到，对以"1"结尾的数字进行反转时所遇到的麻烦完全是一种人为(artifact)的结果。换言之，没有这种结构，当然也就不会有这种麻烦。例如，将反转、半反转、非反转三种类型依次排列，便可清楚看出，反转作业的难度逐渐增加。既然汉语只有第一种类型，其难度自然也就大大低于英语。

为了证实这一点，作者 Miller 等特地以中国留学生为对象作了实验，结果如图 2.6 所示。

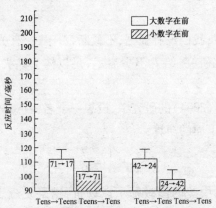

图 2.6　中国留学生数字反转作业测试结果

诚然,数字反转作业说到底,不过相当于一种游戏而已,英语民族即使遇到一些麻烦,反应速度不如汉语民族,似乎也没有什么大不了的。真正需要弄清的是,英语 teens 特殊的命名方式与数学能力的形成之间有无关系。

Miller 等没有正面论及这一问题,不过,他们亦明确指出,美国儿童首次接触的两位数就是 teens,而 teens 恰恰在他们学习英语数词的构成规则中产生误导(the teens present a misleading model for learning the rules for number formation in English)。例如,由于"twelve"一词不能清楚地体现出 10 + 2 的关系,因此给小学生的加减运算带来困难,从而也就导致了数学成绩的优劣差异。这显然不能用"非认知因素"予以解释,只能从语言本身寻找原因。而这些正是本书将要重点讨论的内容。

第四节 单 位

儿童学习计算,首先涉及的是纯粹的数字,如 3 + 2,6 − 4 等等。然而,这还远远不够,他们还必须掌握一条规律,即"单位相同"才可以进行运算,例如,"五匹马"与"三本书"就不能相互加减。

由此也就令人想到一个问题,即:英语没有量词,"五匹马"与"三本书"就写成 five horses 与 three books,那么,英语儿童有没有可能直接加减呢?

关于这一点,我们没有证据,不敢断言,不过,有关中美两国儿童分数学习的对比研究,给人不少启示,足以体会缺失单位所导致的麻烦。

例如,An 等(2004)的研究中,设想一个名为 Adam 的 10 岁五年级学生,进行了下面的演算:

$$\frac{3}{4} + \frac{4}{5} = \frac{7}{9}$$

然后再交给中美两国教师予以评价,结果发现观点大不相同。美国教师认为,Adam 犯错误的主要原因在于忘记了分数加减之前必须通分母,而中国教师则认为他根本就没有弄明白这些基本原则,故而将分子与分母视为相互独立的数字,于是分别予以相加。有些中国教师还指出,并非两个数字任何时候都能相加,前提是"单位"必须相同。同样,分数也是数字,也是有单位的,单位若是不同,便不能直接相加。

Cai(1995)在论及汉英两种语言数字表征(representation of numbers)的差异时,首先列举了数词命名方式,例如"十一"与"eleven"等。其次便是"单位"。例如,汉语用"辆"表示车,用"张"表示书桌,而这种现象在英语中非常罕见。正因为如此,英语儿童更容易"丢失单位"(lose the unit)。表2.5是两国六年级学生的一次测试结果。

表2.5　中美六年级学生分数以及非分数计算的平均及格率　　　　%

	分数计算	非分数计算
美国 (人数=250)	50	77
中国 (人数=425)	96	90

（Cai, 1995）

虽然两个项目上美国学生的成绩都不如中国学生,但分数计算之间的差距远远大于非分数计算,说明分数对英语儿童来说难度更大。且看一个具体例子:

$$\frac{3}{4} - \frac{1}{6} = ?$$

25%的美国学生答为2/2,不仅犯了分子与分母直接相减的错误,而且还犯了大数减小数的错误(分子依旧保持为3-1,但分母却变成了6-4),即:

$$\frac{3}{4} - \frac{1}{6} = \frac{3-1}{6-4}$$

类似的错误汉语儿童当然也难以避免,但汉语丰富的量词以及命名方式更容易促成"单位"概念的形成。笔者曾经听过小学老师利用"母子关系"的比喻来解释分数加减运算的基本原理。首先,为什么要通分母? 比如,要想知道一个母亲有几个孩子,就只能对同一个母亲的孩子进行相加,因此分母必须相同;如果分母不相同,就意味着是在对两个母亲的孩子相加,当然也就得不到正确答案。其次,为什么分母不能相加? 既然是在问一个母亲有几个孩子,当然就只能对孩子的数目进行相加,而不能对母亲的数目进行相加。3 个孩子可以列出算式:1 + 1 + 1 = 3,但一个母亲无法列出算式,自然也就不可能相加。这样的比喻当然不一定合理,甚至还有可能遭到教育理论家的批评,但至少能给孩子一种"直观"感觉。

再看"分子"与"分母"的英语名称:"numerator"与"denominator",完全是两个陌生的单词(甚至许多英语教师都不认识),从字面上根本看不出两者之间的关系,更不用说演绎出如此通俗易懂的解释了。

简言之,与整数一样,分数也是有单位的,即"unit fraction"(单位分数)。汉语由于能够获得日常用语的强力支持,因此,教师只需反复强调,分母就是"单位",而单位是不能相加的,例如,"5 本书"与"3 本书",就只能是"5 + 3",但绝不能"本加本"。学生很快就能明白其中的道理。相反,由于英语没有量词,因此,要让英语儿童明白,只有相同单位的分数(like unit fraction)才能相加(减),并不是一件容易的事。

分数加减运算必须单位相同,至于分数乘除运算则还有一个前后次序的问题。例如:"5 只猴子吃香蕉,每只吃 3 根,一共吃了多少根?",其算式便应该是"3 × 5 = 15",也即得数的单位必须与被乘数一致。如果写成"5 × 3 = 15",就变成了"3 只猴子吃香蕉,每只吃 5 根,一共吃了多少根?",显然违背题义。要求严格的话,甚至必须写成"3(根)× 5(只)= 15(根)",养成习惯以后,才可以省去单位。

然而,英语没有量词,自然也就不可能有"3(根)× 5(只)= 15

（根）"这样的表达方式，那么，英语儿童又是如何理解"5×3 = 15"与
"3×5 = 15"的呢？甚而至于，对他们来说，这两种算式有区别吗？
先看一个例子，如图2.7所示。

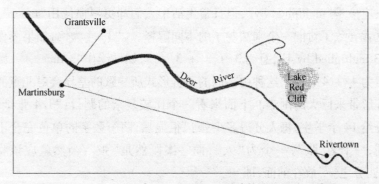

图2.7　Grantsville 与 Martinsburg 两地的实际距离示意图

Grantsville 与 Martinsburg 两地的图上距离为 3 厘米，实际距离
为 54 公里；Martinsburg 与 Rivertown 两地的图上距离为 12 厘米。
问：两地的实际距离是多少？

很显然，最佳解题思路应该是：首先根据已知条件求出每厘米相
当于多少公里：54（公里）÷3（厘米）= 18（公里），然后再乘以相应
的厘米数：18（公里）×12（厘米）= 216（公里）。

实验发现，将学生的解答分别交给中国与美国教师评判，结果大
不相同。中国教师对单位的要求非常严格，甚至将 12 ×18 = 216 判
为错；反之，美国教师则宽松得多，也即：只要答案正确，就给予高分。

Watanabe（2003）就乘法的教学问题对日本与美国的教师参考
用书进行了比较，发现了许多不同之处，其中最主要的一点为：是否
严格区分被乘数与乘数。日本教参提醒教师，不应将乘法完全等同
于连加，换言之，连加仅仅只是乘法运算背景中一种计算总数的方法
而已，但连加绝不是乘法运算的本质（repeated addition is simply a
method of computing the total number in a multiplication setting; it is
not the essence of the multiplication operation）。美国教参则正好相
反，建议教师告诉学生：4×3 既可以看作 3 + 3 + 3 + 3，也可以看

作 4 ＋ 4 ＋ 4,由此也就混淆了被乘数与乘数之间的区别(thereby blurring the distinction)。

Anghileri(1989)认为,从数学的角度而言,"相乘"比较确切的说法应该是"multiplied by",但日常生活中人们却更习惯使用"times",这就导致了对同一个乘法句子的不同解释。以 3×4 为例,如果读作"3 multiplied by 4",意为 3 ＋ 3 ＋ 3 ＋ 3,如果读作"3 times 4",则意为 4 ＋ 4 ＋ 4。这种由不同的语言形式所导致的差异会对儿童的理解带来巨大的困难。下面来看一个比较复杂的题目:"1/4 张纸,分给 14 个学生,每人分得多少张?"很显然,两个数字的单位完全不同,一个为"张",一个为"人",而答案既然是"张",当然就应该将"四分之一"放在前面,即

$$\frac{1}{4} \times \frac{1}{14}$$

如果借用实物进行教学的话,应该首先是拿起一张纸,将其分成 4 份,拿走其中的 3 份,最后指着所剩部分问:再将它分成 14 份,每份是多少? 因此,从客观事物的发展顺序来说,应该是先有"四分之一"的概念,然后再问"四分之一的十四分之一是多少",也即:求 1/4 的 1/14(to find 1/4's 1/14)。遗憾的是,尽管展示过程一模一样,但英语的表达方式却完全相反——to find 1/14 of 1/4。换言之,学生明明已经看见了"四分之一张纸"这样一个实物,也明明知道了"1/4"这样一个已知数,却视而不见,避而不说,偏要首先凭空扯出一个未知数"1/14",完全违背了从"已知到未知"的客观发展规律。

而汉语定义分数乘法的方法与意义和表达之间的顺序完全一致,也即先说"四分之一",然后再说"四分之一的十四分之一"。因此更加有利于学生完善思维(complements student thinking more effectively)。与之相反,英语定义分数乘法的方式则常常会给学生带来混乱(tends to produce confusions for students)。(An, 2004)

由此看来,美国教师之所以不区分被乘数与乘数,主要是由语言决定的,也即存在"multiplied by"与"times"两种意义截然相反的表

达方式,导致被乘数与乘数的相互混淆,从而影响了乘法概念的形成。

仍以"5 只猴子吃香蕉,每只吃 3 根,一共吃了多少根?"为例。严格来说,应该是"3 multiplied by 5",也即被乘数在前,乘数在后;但遗憾的是,更习惯的说法是"3 times 5",于是变成乘数在前,被乘数在后。教师当然知道,就"数学"(mathematically)而言,这样的说法并不准确,但又不可能改变习惯用法,也就只好含糊其辞,皆无不可了。

事实上,美国的传统做法正是将乘数放在被乘数的前面。且看美国教材中的一种练习格式,如表 2.6 所示。

表 2.6　美国教材中的乘法练习格式

	组数	每组个数	总人数
①			
②			
③			
④			
⑤			

既然"组数"(number of groups)排在"个数"(number in each group)之前,那么遇上"猴子吃香蕉"这样的题目,当然也就应该把"猴子"放在第一列,把"香蕉"放在第二列。换言之,写出 5 × 3 = 15 这样的算式,也就可以称得上"顺理成章"了。

Watanabe(2003)认为,美国教师之所以不注重被乘数与乘数的区别,是因为考虑到乘法的交换性(the commutative property of multiplication),或者说,教材已经将这种交换性表达得很明晰了;问题是,这一点对儿童明晰吗?换言之,如果对被乘数与乘数进行区分,儿童是否能够更好地理解交换性的重要性呢?

区分被乘数与乘数不仅具有理论意义,而且亦不乏实际意义,例如有关"乘法事实"(也即乘法口诀)的背诵。比如,以"2"为乘法因子(factor)的乘法口诀英语共有 17 个:1×2, 2×1, 2×2, 3×2, 2×3, 4×2, 2×4……9×2, 2×9 等,但如果确定被乘数,则一下可以减至 9 个:2×1, 2×2……2×9。

Charalambous 等(2010)对塞浦路斯、爱尔兰及中国台湾的数学教材进行了对比,本节简要介绍有关分数结构的情况。

例如,"一个袋子里有 15 个果冻,吃掉 3/5。问:还剩下多少袋果冻? 还剩下多少个果冻?"像这样的分数题目,一般可以采用两种方法解答,即:"部分—整体法"(part-whole construct)与计算法(operator construct)。前者的思路是:"一袋果冻相当于 5/5 袋果冻。5 个 1/5 减去 3 个 1/5 等于……"。后者的思路是:"1/5 盒果冻为 3 个,3/5 盒为 3×3 = 9 个,还剩下……"由于计算法包含了具体数目,因此更为复杂但也更为合理(legitimate)。

调查发现,所有的教材都使用了部分—整体法,但台湾教材倾向于将两种方法相互结合,塞浦路斯教材二者结合的比例仅为 2%,而爱尔兰教材则仅仅只使用了部分—整体法。此外,台湾教材还有一个与众不同的特点,即对同一个问题进行连续提问,称之为"孪生问句"(twin questions),其中一个针对相对数量,一个针对绝对数量。例如:

One bag has 12 tomatoes. 2/6 bags were used to prepare a soup. How much of a bag of tomatoes was left? How many tomatoes is this equal to?

第一个问句促使学生考虑相对数量,即用掉一部分以后(1 − $\frac{2}{6}$)还剩多少袋;第二个问句促使学生计算绝对数量,即用掉一定的西红柿之后(12 个西红柿的 2/6)还剩多少个。孪生问句的作用就在于为学生提供一个机会,得以将相对数量与绝对数量相互连接起来,而这一点对于分数的理解非常重要。

值得注意的是,Charalambous 等在这里特意引用了汉语原文:

"一袋番茄有 12 个,用了 2/6 袋煮汤后,再用多少袋番茄,就会把一袋番茄都用完呢? 是多少个? (注:原文为繁体字)",并提醒,汉语中,孪生问句用的是同一种表达法,即"多少",相反,英语则必须严格区分"how many"与"how much"。例如,"How much of a bag"(多少袋番茄),"How many tomatoes"(多少个番茄)。

经过以上铺垫,作者指出台湾教材的一个不同之处,即单位分数的使用。且看图 2.8。

1 条蓝色积木和 9 个白色积木排起来一样长。

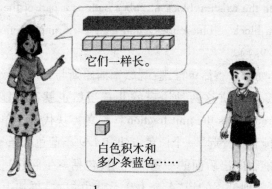

1 个白色积木和 $\frac{1}{9}$ 条蓝色积木一样长。

4 个白色积木和几分之几条蓝色积木一样长?

4 个 $\frac{1}{9}$ 条蓝色积木合起来是多少条?

再加 1 个 $\frac{1}{9}$ 条,合起来有几个 $\frac{1}{9}$ 条? 是多少条?

图 2.8　台湾教材中单位分数的使用图示

像图 2.8 这样的例子更能促使学生认识到,整体的一部分是由一系列单位分数组合而成的。图中的白色方块就代表了单位分数。而像"一个白色方块相当于多少个蓝色长条"(How much of the blue block is a white cube equal to)这样的问题,就可以建立起"一个白色方块和 1/9 条蓝色长条一样长"的概念。接下来的连续两个问题"4 个白色积木和几分之几条蓝色积木一样长?"与"4 个 1/9 条蓝色积木合起来是多少条?"能够促使学生将九分之四条蓝色积木与 4 个白色积木联系起来,或者说,与 4 个 1/9 单位(four 1/9-units)联系起来(实际上也就是以 1/9 为分数单位),4 个 1/9 自然也就相当于4 × 1/9 = 4/9。最后的两个孪生问句:"再加一个 1/9 条,合起来有几个 1/9 条? 是多少条?"更进一步促使学生将二者(即已有的 4 个 1/9 与另一个 1/9)相加之和既看作整体之中的一个部分,比如,1 个蓝色积木的九分之五,又看作一组单位分数,比如,5 个九分之一(The last set of twin questions prompts students to consider the sum of adding blue cubes to the existing block of cubes both as a part of the whole(e. g. , 5/9 of a block of blue cubes)and as a set of unit fractions(e. g. , a set of 5 1/9s))。

我们不妨来一番简单推理:既然塞浦路斯与爱尔兰教材都没有使用 unit fraction,讲这两种语言的儿童当然也就不可能知道"the white cube represents the unit fraction"(白色方块代表了单位分数),那么,他们能否建立起"一个白色方块和 1/9 条蓝色长条一样长"的概念,以及能否问出后面的一系列问题(包括孪生问句),恐怕都值得怀疑。既然他们不知道"4 个 1/9 条蓝色积木"再加上"1 个 1/9 条蓝色积木"可以视为一组单位分数(a set of unit fractions)之和,当然也就不可能知道,这实际上就等于是 5 个 1/9 相加,也即 5/9。由此也就不难理解,为什么这些儿童(自然也包括英语儿童)会犯分子与分母分别相加的错误,因为他们并不知道分数与整数的区别,以为分子与分母就是两个独立的数字。与之相反,汉语丰富的量词以及规则的数词命名方式,不仅非常便利地将单位赋予整数,而且还能极其顺利地将这种单位带进分数中来。因此,汉语儿童分数计算的成绩远远高于英语儿童也就不足为奇了。

第三章

计数系统

计数(俗称"数数")是一种极其重要的认知技巧。说它是技巧,因为涉及视觉、动觉与言语能力的相互配合;说它是认知,因为需要以序列概念与数量能力等抽象知识为基础(A skill because it typically requires coordination of visual, manual, and vocal activity; cognitive because it rests on abstract knowledge concerning ordination and numerosity)(Wilkinson,1984)。观察儿童计数能力的学习过程,可以清楚地看出语言对认知发展的影响,因为一方面,全世界各民族儿童的计数能力是同步发展的,但另一方面,这种发展又必须借助于特定的文化系统,例如数字表征方式。这也就意味着,本应同步发展的能力,假如出现先后有别的现象,那就不得不到特定的文化系统之中寻找原因。

计数的前提是有数可计。Miller(1987)等指出:"儿童使用一种由本社会提供的文化工具也即一套特殊的数词名称来学习计数。这种工具对该项任务而言可能适合,亦可能不太适合。"(Children learn to count using a particular set of number names, a cultural tool provided by their society. That tool may be well- or ill-suited to the task of acquisition)

例如,巴布亚新几内亚的偏壤之地,一个名为 Oksapmin 的村落之中,使用一种"传统式 27 种身体部位计数系统"(traditional 27 body-part counting system),如图 3.1 所示,即从右手的大拇指开始,依次经过 27 个不同部位,最后结束于左手的小拇指,以此完成一个循环(引者注:虽然图中标有 28、29,但似乎不应该是特定的名称,而很可能是"1 + 27"、"2 + 27")。从"文明社会"的角度来看,这样的计数工具大概就可以属于 ill-suited 之列,例如,右眼为 13,左眼为 15,如此计数,实在是复杂难学。可以肯定,操这种语言的人,无论父母多么重视,亦无论自己学习多么努力,其效果也远远不能与十进制的阿拉伯数字系统相比,其间的差距甚至恐怕不亚于自行车与飞机同场竞技。

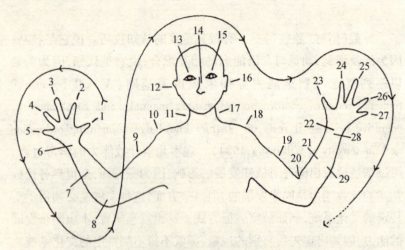

图 3.1　传统式 27 种身体部位计数系统(Saxe, 1981)

我们不妨再以罗马数字为例。罗马数字有 7 个基本计数单位:I (1),V(5),X(10),L(50),C(100),D(500),M(1000)。具体构词方法如下:

个位数:I(1),II(2),III(3),IV(4),V(5),VI(6),VII(7),VIII (8),IX(9)。

十位数:X(10),XI(11),XII(12),XIII(13),XIV(14),XV (15),XVI(16),XVII(17),XVIII(18),XIX(19),XX(20),XXI (21),XXII(22),XXIX(29),XXX(30),XXXIV(34),XXXV(35), XXXIX(39),XL(40),L(50),LI(51),LV(55),LX(60),LXV(65), LXXX(80),XC(90),XCIII(93),XCV(95),XCVIII(98),XCIX (99)。

百位数:C(100),CC(200),CCC(300),CD(400),D(500),DC

（600），DCC（700），DCCC（800），CM（900），CMXCIX（999）。

千位数：M（1000），MC（1100），MCD（1400），MD（1500），MDC（1600），MDCLXVI（1666），MDCCCLXXXVIII（1888），MDCCCXCIX（1899），MCM（1900），MCMLXXVI（1976），MCMLXXXIV（1984），MCMXC（1990），MM（2000），MMMCMXCIX（3999）。

不难看出，罗马数字的规律性要大大高于"27 种身体部位计数系统"，但显然依旧远远不及阿拉伯数字。由此也就不免让人产生一种印象，即任何语言，只要采用阿拉伯数字，就可以称得上 well-suited 了，相互之间也就没有区别了。然而，事实远非如此简单。根据前面对汉、英、德、法、西等语言数词系统的对比分析，人们便不难想象，不同的计数系统势必会对计数能力的形成产生不同的影响。本章拟从四个方面对此予以讨论。

第一节　抽象计数

所谓抽象计数（abstract counting）也即一般所说的数数。Miller 等（1987）以 4 至 6 岁的中国及美国学龄前儿童为对象，就其计数能力进行对比。实验采用单独进行的方式，每次由一名本族语者与一名儿童组成，时间为 15 分钟。主试要求儿童从 1 开始数数，能数多少就数多少，通常以 111 为最高极限，如果被试意犹未尽，仍想继续，也不予以打断。中途如有停顿，主试用两种方式予以提示，首先问"What comes after（last number）?"（……的后面是什么?），如果无效，则用升调重复儿童最后数过的 3 个数字，例如"27，28，29……?"如果仍然无效，则中止实验，并以此作为该儿童的最后成绩。此外，数数过程中允许一个数字的遗漏，比如，"27，29"仍然算对，可以继续，但如果中间遗漏太多，比如"27，35"等，则判为重大错误，结束测试。

图 3.2 为两国儿童的平均计数水平（允许一个数字遗漏）。不难看出，二者之间的差距极其明显，尤其是 5 岁以后，中国儿童的成绩迅速上升，6 岁时正确率几乎高达 100%，而美国儿童不过略高于 70%。

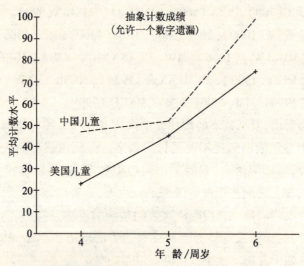

图3.2　中美两国儿童的平均计数水平对比

图3.3为"中止点"(stopping points)对比。所谓中止,也即被试数不下去而自行停止,或者出现一个以上遗漏而被"取消成绩"。从图中可以看出,两国儿童都能顺利地数到10,但随后美国儿童的成绩便开始急剧下滑,而中国儿童一直要到20才略有下降。这也就意味着,英语的 teen words 对英语儿童来说,的确堪称一大难关。研究还发现,在20与90之间中止计数的儿童中,44%的美国儿童中止于结尾为9的数字,中国儿童为32%。这也就意味着,中止点往往发生在整数(比如30,40,50等)开始之处,也即 decade boundaries。中国儿童仅仅只是数到100以后,成绩才略低于美国儿童。不过,据实验者分析,这也有可能是因为儿童拒绝继续进行所致,因此不一定意味着计数错误。换言之,中国儿童100以上的真实计数水平并不见得低于美国儿童。

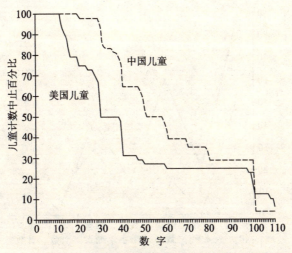

图 3.3　中美两国儿童的计数水平中止点对比

　　按照 Stevenson 等的观点,中美儿童之间数学成绩的差异主要是由于各种非认知因素造成的。Miller 等对此并不予以否认,即父母的重视程度的确有利于基本数字能力的培养,例如计数以及简单加减法计算等。因此,中国儿童整体计数错误(overall counting error)低于美国儿童也就不足为奇。但问题在于,有些计数错误并非普遍现象,而是仅仅限于某些特定的语言表达方式,因此也就很难用非认知因素来解释。正是由于这一原因,Miller 等认为有必要进一步分析计数错误的类型,以便发现特定的语言结构对儿童学习数字系统所产生的影响。确切地说,如果儿童所犯的错误与某种语言的数词命名规则有关的话,那就足以证明,计数能力的学习深受数词系统的影响,非认知因素观也就不攻自破。换言之,无论父母怎么强调,无论学习如何努力,只要语言结构不变,这些计数错误就在所难免,两国之间的差距也就难以消除。

　　图 3.4 显示了各种具体错误的百分比,下面逐一予以分析。

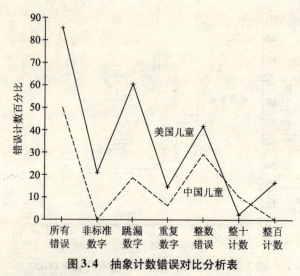

图3.4　抽象计数错误对比分析表

一、所有错误(Any Error)

所谓"所有错误",也即"错误总和"。不难看出,美国儿童计数过程中所犯的错误远远高于中国儿童(两者分别为85%与50%)。尤其值得一提的是,实验中,一半以上的中国儿童在未犯错误之前便自动中止了计数,而这也被纳入了 any error 之列,由此不难推断,中国儿童的错误率实际上应该远远低于50%,或者说,两国儿童错误总和之间的真正差距应该还要大于图3.4所示。

二、非标准数字(Nonstandard Number)

所谓"非标准",或曰"假词",指的是使用了本民族语言中并不存在的表达方式,比如将"42"说成"thirty-twelve"(三十十二)。假词错误是美国儿童计数中一个相当普遍的现象(21%),而且各个年龄段都有体现,例如,一个 6 岁女孩顺利地数到了 one hundred and twenty-nine,然而遗憾的是,接下来的却变成了 one hundred and twenty-ten, one hundred and twenty-eleven,令人叹惜。其原因很可能是儿童早已习惯了 nine, ten, eleven 这样的序列,因此,一旦数到 twenty-nine,很容易受 nine 的影响,很自然地就带出 twenty-ten, twenty-eleven 来。

反过来,中国儿童的假词错误之所以为零,显然也是因为习惯了"十、十一、十二"这样的序列,也就是说,他们早就意识到,10以上的数字必须由"十"与另一个基本数字共同组合而成。既然已经有了一个"十"——不论是"(一)十"还是"二十"——自然也就不允许出现第二个"十"。事实上,像"二十十、二十十一"这样组合非常别扭,远远不如twenty-ten, twenty-eleven"顺嘴"。

　　按照计数的基本规则,两个合成数词是不能直接叠加的,必须按照"逢十进一"的原则,将其中之一分解为"$10 + x$",再将前者与另一个数词合并之后,才能进行计数。例如$20 + 11 = 20 + 10 + 1 = 30 + 1$,也即"thirty-one"。然而,遗憾的是,由于英语的数词系统没有将ten作为一个构词单位,因此无法体现它与eleven, twelve之间的关系,故而许多儿童弄不清哪些是基本数词,哪些是合成数词,以至常常误将合成数词当成基本数词,从而频频出现合成数词直接叠加的假词错误。假如将"eleven, twelve"改换成"ten one, ten two",儿童立刻就能觉察到"ten"的重要性,就能立刻学会用来组词,假词错误自然也就得以立刻消除。

　　三、跳漏数字(Skip Number)

　　在两国儿童所有的错误类型对比中,跳漏错误之间的差距最大(分别为60%与20%)。其中有的错误为两国儿童共有,比如"29,40",或者"39,20"这类"整十转换错误"(decade transition errors),这一点从图4.3亦不难看出,也即逢十进一的"边界处"(decade boundaries)容易成为"中止点"。不过,英语儿童更多的跳漏错误出现在11至19之间,正所谓"troubled teens"(麻烦的teens)。这就意味着,英语的数词词汇量大于汉语,其结果便是,美国儿童20以内的计数主要依靠记忆进行。然而,遗憾的是,记忆力再好也抵不过规律性,eleven, twelve根本不是ten one, ten two的对手。这也正是数到10以后,美国儿童错误急剧增加的主要原因,其中就包括不少跳漏。

四、重复数字(Repeating Number)

相对而言,重复错误两国儿童都比较少,而且主要与年龄有关,例如 4 岁组美国儿童的错误率为 31%,而 6 岁组则为零。研究人员没有指出,美国儿童的错误为什么依然高于中国儿童,但估计很可能仍然与 teen words 有关。

五、整数错误(Decade Error)

所谓 decade error,指的是"38,39,20,21……"这类计数错误。英语 decade names 的生成没有统一的规则可言,例如,儿童就不易理解 three 与 thirty 之间的关系。反之,汉语很简单,只需将 1 至 9 任何一个基本数词加在"10"前面即可。照此而论,所谓"decade problem"对中国儿童来说应该不成问题。然而,出乎意料的是,中国儿童的错误率亦高达 30%。这表明,汉语儿童在整十转换时(making the transition between decades),依然遇到了困难。换言之,在十位数与个位数两个系列同时增长的情况下,如何将二者组合起来,是一个普遍性的问题,与各自使用的语言没有多大关系(it would appear that coordinating the incrementing of two series, decades and units, is a general problem for children independent of the language in which they are counting)。

六、整十计数(Count by 10)

指的是"以 10 为单位进行计数",如"19,20,30,40"之类的错误。由图 4.4 可知,在 6 项错误类型中,中国儿童唯有"整十计数"这一项错误率高于美国儿童。据推测,原因很可能在于,汉语的 20 读作"二十",因此,中国儿童很容易受十位数"2"的诱惑,从而带出"三十、四十、五十"。相反,英语的 twenty 没有任何提示,因此反而不易诱发"thirty, forty, fifty"之误。不过,由于这种类型的错误并不多见(仅有 5 个中国儿童与 1 个美国儿童),因此,实验者认为,尽管中国儿童的错误率高于美国儿童,但总发生率毕竟太低,因此,其错误分析并没有什么重大意义(overall incidence was so low that analysis of this mistake failed to produce any significant effects)。

七、整百计数(Count by 100)

与 count by 10 类似,"整百计数"指的是"109,200,300,400……"一类的计数错误。不过,奇怪的是,这类错误汉语儿童一个都没有,反而是英语儿童较多,例如,在 13 个数到 100 以上的美国儿童之中,便有 8 个犯了这类错误,错误率高达 60%。英语的十位数都有特定的名称,如 twenty,thirty 等,因此防止了整十计数的错误。然而,超过 100 后,数词系统便与汉语一样,即"one hundred"与"一百"。这也就意味着,一旦失去了特殊名称的支持,英语儿童更容易出现整百计数的错误。

文章最后得出结论:英语与汉语数词结构不同,因此,在儿童对十进制结构进行归纳时,所给予的帮助也不相同。汉语儿童很容易区别基本数词与合成数词,与之相反,英语儿童则常常弄不清哪些是基本数词,哪些不是基本数词,因此也就弄不清哪些数词可以合成,哪些数词不能合成。

简而言之,由于汉语数词构成极具规律性,因此,汉语儿童学习数数要比英语儿童快得多。

第二节　实物计数

实物计数(object counting)是一种比抽象计数更为复杂的计数方式,因为一方面不仅需要掌握基本的计数能力,而且同时还须兼顾所要计数的物体,即每个实物不仅都要数到,而且只能数一遍。对于儿童来说,这种相互配合显然绝非易事,因此常常发生漏数或者重数之误。实物计数成绩的好坏取决于三个因素:实物数量,排列方式,以及数词命名系统本身。也就是说,实物数量越少,排列方式越规则,数词命名系统越简单,实物计数成绩便越好。在前两项条件相等的情况下,第三项自然也就成了关键因素。前面已知,中国儿童的抽象计数能力高于美国儿童,那么,这种差别是否同样会反映在实物计数上呢?下面就来介绍 Miller 等的研究结果。

一、总体情况(overall success)

图3.5为综合5次测试(每次实物数量为3,7,13,19,26不等)的平均成绩,其中,实物的排列为两种方式,即整齐有序及杂乱无章。后者的计数难度显然远远大于前者。从图中不难看出,无论是哪种排列方式,中国儿童的计数成绩均高于美国儿童。尤其是5岁组,前者对于杂乱无章实物的计数成绩,甚至高于后者对于排列有序实物的计数成绩。

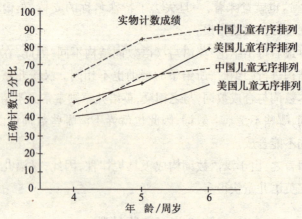

图3.5 中美两国儿童5次实物计数的平均成绩表

二、数词命名错误(number-naming errors)

实物计数中有可能出现两种错误:一种为计数本身,也即违反了本文化的计数规则,比如假词等;一种涉及实物,比如重数或者漏数等。该项研究将前者单独抽出,予以分析,结果显示,在实物计数中,无论是哪种排列方式,中国儿童的命名错误率均远远低于美国儿童如图3.6所示。

三、对应错误(correspondence errors)

实物计数的基本要求是一个数字对应于一个实物,否则便被判为对应错误。比如,光顾了数数而遗漏了实物;或者相反,同一个物体数两遍等等。图3.7为两国儿童5次实验的平均错误率,可以看出,成绩有高有低,有升有降,说明语言结构对于实物计数的影响不如抽象计数那么大。

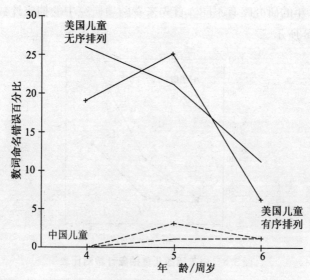

图 3.6　中美两国儿童实物计数中数词命名错误分析对比表

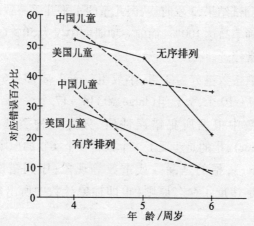

图 3.7　中美两国儿童实物计数 5 次实验的平均对应错误率

Miller 等(1995)后来就同样的内容进行了另一项研究,其结果与1987年的研究略有不同。首先来看两项研究中的抽象计数对比,如图3.8所示。

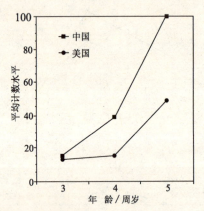

图 3.8　中美两国儿童抽象计数对比表

不同之处在于:首先年龄降低了一岁(从 4 ~ 6 岁降至 3 ~ 5 岁);其次是测试结果,3 岁时,两国儿童的水平几乎一致,而 5 岁时,中国儿童正确率高达 100%,而前一项研究中仅为 50%(图4.2),与美国儿童非常接近。

实物计数按数量分为 3 组:小数组(small set)3 ~ 6 个,中数组(middle set)7 ~ 10 个,大数组(large set)14 ~ 17 个。

实物计数中根据所犯错误性质,分为 3 种类型:原则错误(principle error),指的是违反了一个数名一个实物的原则;注意错误(attention error),指的是漏数或重数等现象;序列错误(sequence error),指的是违反了命名原则(也即抽象计数中所出现的各种错误)。

测试结果如表3.1所示。

表 3.1 中美两国 3～5 岁儿童实物计数错误性质数据分析表

计数类型	3 岁			4 岁			5 岁		
	小数组	中数组	大数组	小数组	中数组	大数组	小数组	中数组	大数组
美国儿童									
正确率	73.3	33.3	0.0	96.9	68.8	18.8	100	83.3	33.3
原则错误	6.7	23.3	36.7	0.0	15.6	21.9	0.0	0.0	8.3
注意错误	20.0	56.7	90.0	3.1	25.0	65.6	0.0	16.7	38.9
序列错误	0.0	10.0	53.3	0.0	3.1	43.8	0.0	0.0	38.9
中国儿童									
正确率	82.8	37.9	3.4	97.1	71.4	25.7	94.3	85.7	60.0
原则错误	3.4	20.7	37.9	0.0	5.7	8.6	0.0	0.0	2.9
注意错误	6.9	44.8	96.6	2.9	22.9	74.3	5.7	14.3	40.0
序列错误	6.9	17.2	37.9	0.0	0.0	8.6	0.0	0.0	0.0

　　表中最引人注目之处当为正确率。除了 5 岁小数组以外(94.3∶100),中国儿童的成绩全部高于美国儿童。3 类错误中,原则错误中国儿童的错误率全部低于美国儿童;注意错误中国儿童仅有三项高于美国儿童,即:3 岁大数组(96.6∶90.0),4 岁大数组(74.3∶65.6),5 岁大数组(40.0∶38.9);序列错误,中国儿童仅有两项错误率高于美国儿童,即 3 岁小数组(6.9∶0.0),3 岁中数组(17.2∶10.0)。由此可见,中国儿童的整体实物计数能力超过美国儿童。

　　其次,来看"序列错误"。中国 3 岁儿童前两项成绩不如美国儿童,但从大数组便开始反超了。虽然两国儿童的错误率都跟随实物数量的增加而增加,但美国儿童的增加速度远远大于中国儿童(前者从 10.0 猛增至 53.3,后者仅从 17.2 增至 37.9)。笔者以为,很可能与数词命名系统的难易程度有关。两种语言 10 以内的数字表征方式都是没有规律可言、只能死记硬背的基本数词,但随后便体现出明显的差别,汉语整齐有序,而英语则是进入了杂乱无章、而且也是最难学习的 teens。英语 3 岁儿童能够顺利地从 11 数到 19 便已是难能可贵,哪里还有心思兼顾实物。与之相反,汉语 10 以上的数词构成非常简单,且有规律可循,无须额外费心,完全可以将注意力集中于实物本身,故而错误率低得多。尤其值得注意的是,中国 5 岁儿童的序列错误已经降至为零,而美国儿童仍然高达 38.9。可惜该项研究仅限于 5 岁以下儿童,因此我们不知道,美国儿童究竟什么时候才能完全消除序列错误,6 岁?7 岁?甚至 8,9 岁?

细心的读者很可能还会发现一个奇怪的现象:既然中数组的实物数量为 7~10 个,那么,大数组的数量为什么不是 11~13,而是一下跳到 14~17 呢?更加确切地说,为何要避开 11,12,13 这 3 个数字?

众所周知,英语的 teen words 虽然可以称为 trouble,但最麻烦的其实主要是前 3 个。例如,eleven 与 twelve 是两个完全陌生、毫无规律可言的单词,需要额外单独学习,从 thirteen 才开始"走上正轨",正式进入 teen words 系列,但对于这一点,儿童必须从 fourteen 才能开始总结经验,发现规律。这也就意味着,尽管就实物计数本身而言,14~17 应该难于 11~13,然而,若就抽象计数而言,却恰恰相反——11~13 的难度实际上远远大于 14~17。换言之,该项实验如果采用 11~13,序列错误率恐怕只会更高。那么,实验避开这 3 个最难的数词,是否也是出于一种"仁慈"的考虑呢?

最后,还有必要指出的是,汉语民族还常常喜欢使用一种"一五一十"的计数方法,即在实物较多时,对其进行 5 个一组以及 10 个一组的划分,以便大大提高计数的效果。日常生活中也有不少父母很早就将这一技巧教给了孩子。可惜我们无法知道,实验中,中国儿童有没有采用这种方法。

第三节　序数词计数

计数能力并不限于基数词(cardinal number)"一、二、三……",而且也包括序数词(ordinal number)"第一、第二、第三……"。汉语序数词的构成非常简单——只要在基数词前面加上一个"第"字即可。这也就意味着,一个人只要学会了基数词,序数词也就无师自通,不教便会。相比之下,英语便复杂多了,例如 first 与 one,second 与 two,相互之间毫无共同之处,简直可以视为两套系统;third 和 three 也只是略为相似而已;从 fourth 开始,虽然一律后加"th",显得比较有规律,但其中不少还需经过一定的变形以及变音。简言之,仅凭直觉,人们完全可以想象,英语序数词的学习要比汉语困难得多——其难度甚至超过基数词。下面就来介绍 Miller 等(2000)的一项研究。

实验对象为 192 名中美幼儿园、二年级与四年级儿童。测验方法与基数词相似,即主试首先以"one, two, three"或"first, second, third,…"作为引导,被试尽可能地往下数;被试如有停顿,主试则重复最后 3 个数,予以提醒,如:"twenty-seven, twenty-eight, twenty-nine"或"twenty-seventh, twenty-eighths, twenty-ninths"。基数词的最高要求数到 110,序数词最高要求数到 45。测验结果如图 3.9 所示。

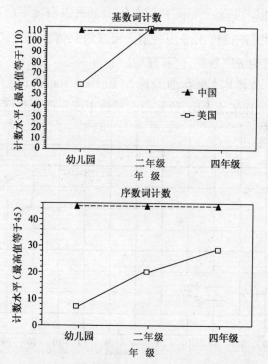

图 3.9　中美幼儿园、二年级与四年级儿童抽象计数成绩对比表

数据显示,无论是基数词还是序数词,中国儿童的成绩均远远高于美国儿童,尤其值得注意的是,中国幼儿园儿童与四年级儿童的成绩已经没有差别,其原因就在于,汉语的数词系统实在是太简单了,幼儿园儿童便能够完全掌握。与之相反,英语的数词系统则复杂得多,英语儿童掌握基数词的能力要到二年级才能达到"满分"的水平。至于掌握序数词能力,甚至到了四年级,能够顺利数到"30th"的还不到一半。可惜研究人员没有明确指出,英语民族究竟要到什么时候才能完全掌握序数词——六年级甚至中学? 而只是说,英语儿童此后若想归纳序数词名称的构成规律,他们又将——"重逢"以前在学习计数中因英语数词名称所引起的种种问题(Thus, the problems that English number names pose for learning to count appear to be revisited, at a later age, when children try to induce the structure of ordinal number names)。也就是说,学习基数词时遇上的种种麻烦,学习序数词时还得再次经历一遍。而汉语只需在基数词前面加个"第"字便可构成序数词,何其简单!

研究人员还用"幸存曲线图"(survival graph)(见图3.10和3.11)来更加详细地表明,数词命名系统中哪一部分难度最大,学习

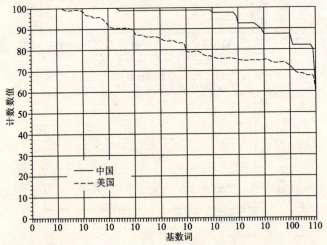

图3.10 中美儿童基数词抽象计数幸存曲线图

者最易出错;哪一些部分相对容易,不易出错。

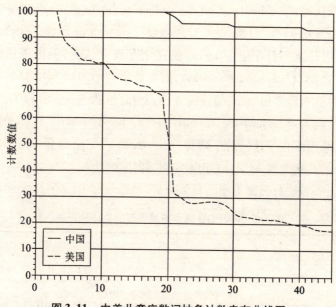

图3.11 中美儿童序数词抽象计数幸存曲线图

　　图中引进了生物医学统计概念,即借用"存活分析技术"(survival analysis techniques)对数据进行分析,以便发现有无突然下降趋势,下降幅度越大,表明死亡率(mortality)越高。比如基数词计数(图3.10),中国儿童过了70以后,才略有下降,说明在此之前的"存活率"(survival)极高。从80开始,下降幅度突然加大,也就意味着这里比较容易出错。相比之下,美国儿童的下降幅度虽然不是十分明显,但却一直保持下降趋势,表示"死亡率"大大高于中国儿童。

　　序数词计数(图3.11)的情况则完全不同。中国儿童数到"第20"后,才略有下降,而美国儿童则是"一路下跌",下降幅度最大之处在于19th与21st之间,能够顺利数到21st的仅为30%,能够顺利数到40th的甚至还不到20%。

　　与基数词一样,美国儿童序数词的计数错误主要在于使用了大量假词。尤其值得一提的是,研究人员特意指出,这些"假词"合理但不正确（reasonable but incorrect），或者说，是被英语基数词的表层结构所认可的（sanctioned by the surface structure of English cardinal number names），因而是一种"合理假设"（reasonable hypotheses）。例如，英语儿童一旦学会了 teens，便完全有理由认为，英语采用的是"十二进制"（base-twelve system），因为英语表示"11"与"12"的两个数词中根本看不出"ten"的任何痕迹。由此也就进一步解释了，为什么会出现大量"twenty-ten，twenty-eleven，twenty-twelve"这样的假词错误，原因就在于这样的序列与"one…twelve"完全吻合。假词错误率分别为：幼儿园44％，二年级50％，四年级31％。

表3.2 是对假词类型的具体分析。

表3.2　序数词计数中假词类型的具体分析表

规　则	例　子	年　级		
		幼儿园	2 年级	4 年级
序数词＋基数词	Nineteenth，twentieth，twentieth-one，twentieth-two，twentieth-three，etc.	8(5)	10(8)	2(1)
"th"的过度规范	Nineteenth，twentieth，twenty-oneth，twenty-twoth，twenty-threeth，etc.	3(0)	10(1)	10(1)
"teenth"的过度规范	Nineteenth，twentyteenth，twenty-oneteenth，etc.	2(1)	0	1(1)
儿童说出不规范数词的数量		14	16	10

注：括号中的数字指始终遵循相关规则的儿童数量

第一种为序数词加基数词，也即把一个复合数词的前半部分当成序数词（ordinalizing the initial part of the number），然后在后面直接加上基数词，例如，"twentieth，twentieth-one，twentieth-two"。这种错误在幼儿园及二年级儿童之中较为普遍，比例高达三分之一，而到四年级便大幅度减少，说明已经习惯这种构词上的急剧变化。

第二种为"-th"的过度规范（over-regularizing "-th"），也即在所

有的基数词之后统统加上"-th"，甚至出现"twenty-twoth"这样的"怪词"（以至于不少儿童在说出后，马上咯咯地笑了起来，大概是发觉与"twenty-tooth"同音的缘故）。这种错误反而在年龄较大的儿童中较为普遍，二年级及四年级高达三分之一。

值得一提的是，研究人员这里特地引用了维特根斯坦的一段描述："可以把我们的语言看作是古代的城市：它是由错综复杂的狭小街道和广场，新新旧旧的房屋，在不同时期作了添补的房屋组成的迷宫；包围着这一切的是街道笔直严整，房屋整齐划一的许多新市区。"（维特根斯坦，1996）

言下之意，身处这种迷宫一般的语言之中，很少有人不迷路。

第三种与其类似，为"teenth"的过度规范（over-regularizing "teenth"），虽然人数不多，但性质一致，即都是根据低位序数词的结构来类推高位序数词的结构，就犹如根据大多数名词的复数结尾为后缀-s 而给所有的单数名词加-s。但可惜的是，这样的规则并不能放之四海而皆准。

该项实验还涉及序数词的理解问题，一共包括 4 项内容（见表 3.3）。

第一项为识别第 N 个位置的项目（identity Nth item），也称为交叉任务（intersection task），即一系列物体中（比如一连串停在十字路口等候绿灯的车辆），指出其中某一个的"序位"（Nth）。汉语是说出位于"第几"，英语则是给予 first, second, third, fourth, last 等名称。数据表明，这一任务的难度并不大，除了美国幼儿园儿童稍差以外，其余被试均为满分。

第二项内容与之不同，涉及两个系列（比如黑白两类石子）的混合排列，故名 interspersed series（交互系列任务），要求分别指出两个系列中某个物体的"序位"，比如位于第 N 位的黑色石子和白色石子。同样，除了美国幼儿园儿童稍差以外，两国被试的成绩大致相等。

表 3.3 抽象计数中序数词的应用和理解情况分析

	识别"序位"项目[a]			交叉系列任务[b]			比较系列任务[c]			1 和第一		
	平均值(8人)	SD	%	平均值(5人)	SD	%	平均值(2人)	SD	%	平均值(1人)	SD	%
幼儿园 中国	8	0	100	4.2	1.0	84.4	0.1	0.5	6.2	0	0	0
幼儿园 美国	6	2.6	65.6	2.8	1.3	56.2	0.1	0.4	4.7	0.2	0.4	21.9
2 年级 中国	8	0	100	4.6	0.8	91.2	0.1	0.4	6.2	0.3	0.5	28.1
2 年级 美国	8	0	100	4.5	0.6	90.6	0.1	0.2	3.1	0.6	0.5	56.2
4 年级 中国	8	0	100	4.8	0.5	95.6	0.3	0.7	14.1	0.4	0.5	43.8
4 年级 美国	8	0	100	4.7	0.5	94.4	0.4	0.8	21.9	0.9	0.3	87.5

注：a. 要求儿童在一系列物体中指出其中一个的序位

b. 要求儿童将序数词应用到两个交叉系列的物体中

c. 不同系列中序数词比较的相关问题

d. 要求儿童解释"1"和"第一"之间的差异

第三项的构成与第二项相似,但目的不同,涉及的是两类物体的"系列比较"(series comparison),即处于同一个交互系列中同一个序位(Nth)的两类物体的先后位置的比较。需要说明的是,这里所说的"interspersed series",并不一定就是"黑白黑白黑白……"这种井然有序的相互更换,也有可能是"黑白白白黑黑白黑……"这种杂乱无章的混乱排列。不难看出,在上面这一随便列举的混合序列中,第三颗白色石子的位置位于整个系列的第四位,第二颗黑色石子的位置位于整个系列的第五位;然而,若仅以自身的颜色进行排位的话,则分别为第三位与第二位。这也就意味着,光凭"第一"或者"第二"这种排序并不见得就能确定先后位置,关键要看二者是否属于同一个系列。更确切地说,不同系列的物体,相互之间的位置是不能直接进行比较的。这样的例子可谓不计其数。比如,AB 两个孩子,其个头在各自的家中分别为最高与最矮,那么试问:A 是否高于 B? 又比如,AB 两个学生,其赛跑速度在各自的班上排名分别为第一与第二,那么试问:A 是否比 B 跑得快? 很显然,两个问题都不能回答,因为分属不同系列(across different series)。换言之,一个家庭中最矮的孩子(比如 1.80 米)也完全有可能高于另一个家庭中最高的孩子(比如 1.65 米)。

实验结果表明,两国儿童对这类系列比较问题都感到十分迷惑,成绩极差,也就是说,他们都有可能仅仅凭借"第一"、"第二"这样的提示,便对排序作出判断,而完全没有意识到,这里涉及的是两个不同的系列。两国幼儿园儿童仅有 6% 能够顺利回答,四年级中美学生的正确率分别为 15.6% 与 25.1%。至于美国学生为何高于中国学生,可惜研究人员没有给出解释。

最后一项内容测验为"one"与"first"的区别。中国儿童的得分远远低于美国儿童,也就是说,中国儿童很难区分"一"与"第一"。研究人员由此得出结论:正是由于汉语序数词极易生成,反而阻碍了对两套数字系统之间的差异的意识(The very ease with which ordinal number names are generated in Chinese may work against the development of a conscious awareness of the difference between the two kinds of numbers）。然而，笔者以为，这样的结论恐怕有待商榷。

该项内容的实验方法是要求被试"解释"（explain）这两个词的区别，但没有指明具体做法。众所周知，人们虽然能够熟练使用语言，但除了语言学家们，大多很难对其予以解释，而往往只能以例说明。比如问及"富饶"与"丰富"的区别，恐怕很多人都只能用"富饶的土地"与"丰富的知识"来予以回答。搭配越多，"解释"也就越详细；反之，用例越少，也就意味着越是难以区分，越是不易"解释"。这一点显然也完全适应于"first"与"第一"。

我们不妨先来看看"first"的使用情况：First thing first（要事先办）；First come, first served（先到先招待）；first or last（迟早）；first and last（总的来说）；at first（首先）；from the（very）first（从一开始）；first-class cabin（头等舱）；from first to last（自始至终）；learn sth（at）first from sb（直接从某人处得知某事）；These are all firsts（这些都是一等品）；The first of May（或 May the first）is International Labour Day（五月一日是国际劳动节）。

由此不难体会，"first"是英语中一个极其常用的词，儿童自幼便熟练使用。相比之下，汉语中，"第一"的使用率极其有限，查阅《现代汉语词典》，只能找到"第一国际"、"第一世界"、"第一手材料"、"第一信号系统"、"第一宇宙速度"这样的词条，而且显然都不属于日常用语。

汉语虽然使用"第一、第二"来予以列举，但也常常使用"首先、其次"。不但如此，事实上，很多时候往往可以直接用基数词代替序数词，比如，"这次比赛，一二名不敢奢望，能得个三四名就不错了"、"五六节的数学课，因老师有事，改在七八节"等，很显然，这里若是加上"第"字反而觉得别扭。

简言之，英语可以说出一大堆"first"与"one"的区别，比如，"at first"就绝不能说成"at one"，而汉语的"一"与"第一"则很难形成对立，许多该用序词数的场合甚至更习惯于用基数词，比如"一等奖"、

"二等舱"、"三等残疾",就都不能加"第"。也正是这个原因,汉语儿童在问到二者有何区别时,大多不予回答,或者说是一回事。由此可见,设立这样的问题,也就没有什么"比较意义"可言,甚至可以怀疑其公平性。

研究人员在结论中写道,英语的序数词虽然相当复杂,但大数目(即 10 以上)序数词的构成方法还是与小数目(即 10 以内)序数词基本相似,因此,儿童在生成如此大量的名称时,可以在学习小数目序数词的基础上,进行"合理归纳"(making reasonable inductions)。与之相反,由于汉语使用的是一种直截了当(very straightforward)的序数词系统,因此,中国儿童面临的推理任务要简单得多,与英语儿童相比,他们也就很少有机会"发明合理但却错误的序数词"(invent reasonable but incorrect ordinal number names)。

这番话若是不看上下文,恐怕还真是不易明白,作者对于英语复杂的数词系统,究竟是在惋惜还是赞美? 比方说,汉语不能造出"二十十"(twenty-ten)这样的词,难道竟然是一种遗憾吗?

这实际上反映了西方学者(甚至包括不少已经"西化"的中国学者)的一种复杂心理,即一方面固然坦承他人之长,但另一方面却不愿正视自身之短,于是不由自主地为其辩护,从而常常陷于自相矛盾之中。这样的情景我们在后面的论述中还将不断遇到。

第四节　日历计数

与十进制的阿拉伯数字一样,世界各国也使用同样的日历系统,如 1 年 12 个月,1 周 7 天等,不同之处依然在于"命名"。汉语的日历名称非常简单——只要在"星期"与"月"之后与之前分别加上相应的数字即可,如星期一、星期二……,一月、二月……;与之相比,英语就复杂多了,使用的是与数字完全无关的"单词",如 Sunday,January 等。换言之,对于同样的日历系统,汉语采用的是"数字结构"(numerical structure),而英语采用的是"清单结构"(list structure)。两相对比,显然前者更加整齐有序,简单易学。本节介绍 Kelly 等人的一项对比研究："When days are numbered：Calendar structure and the development of calendar processing in English and Chinese"（Kelly 等，1999）

实验对象为 196 名中美二年级学生、四年级学生及成人（大学生）。首先值得一提的是，美国被试中，有 12 名最终被"清退"，其中有的是因为失去兴趣自动退出，有的是因为技术原因如噪音而干扰了数据收集。然而，令人意想不到的是，其中有 3 名二年级学生是因为读不好日历名称（could not read the calendar names well enough），甚至还有 3 名二年级学生以及 1 名四年级学生居然完全不知道月份名称是什么。这样的事情如果发生在中国学生身上，恐怕要怀疑智商问题了。由此也就足以证明英语日历系统之难，即使到了四年级也不一定完全掌握。

实验包括两项内容。第一项为测试命名时间（naming time），也即要求被试以最快的速度说出周名及月名，结果如下（见图 3.12）。

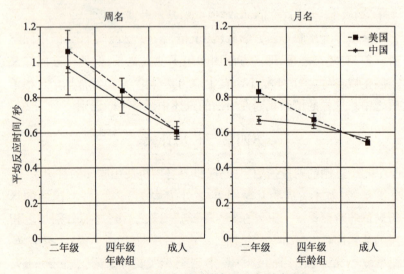

图 3.12　不同年龄组周名和月名测试结果

数据表明，中国被试所需的时间均略短于美国被试，尤其是二年级学生，差距较大。研究人员认为，以熟悉的数字系统为基础的日历系统,其学习自然要容易得多,即一个是 take advantage of numerical structure(利用数字结构),一个是 rely on the list structure(依赖清单结构),因此,有这种差距也就不足为奇了。不过,美国大学生月份名称的反应时间却略低于中国大学生,则不免有些令人产生疑问——难道对成人而言,"数字结构"反而不如"清单结构"?

第二项内容为"日历计算"(calendar calculation),实际上这也是该项研究的主要内容,即"探讨日历的不同命名方式是否影响简单的日历计算发展能力"。

举个例子,假设某种花播种以后,4 天发芽,7 个月开花,那么请问:如果星期二或者二月播种,则星期几发芽,几月开花? 反过来,如果想要星期六发芽,以及九月开花,应该星期几以及几月播种? 前者称为正向计算(forward calculation),后者称为反向计算(backward calculation)。

对于汉语来说,这样的问题简直堪称小菜一碟——不就是一位数的加减法吗? 正向计算为"二加四等于(星期)六",反向计算为"六减四等于(星期)二"。用代数式表达,正向计算为 $x = y + 4$,反向计算为 $y = x - 4$。月份计算与之完全相似,无须多说。

然而,英语的"Tuesday"、"January"等与数字毫不相干,自然也就不可能与其共同组成数学公式,因此只能采用"清单背诵"(list-reciting)的方式。仅凭直觉亦不难判断,这项任务的难度肯定要比汉语大得多。图 3.13 与 3.14 分别显示了周名与月名的计算结果。

无论是周名还是月名,汉语被试的计算时间均少于相应的英语被试,这一点应在意料之中,尤其是月名计算,汉语四年级小学生的速度竟然超过英语大学生——尽管二者之间的年龄相差大约十岁! 根本原因就在于双方采用的方法完全不同,一种为计算策略(calculation-based strategy),一种为清单策略(list-based strategy)。研究人员认为,中国被试之所以倾向于采用计算方法,是因为用一种不熟悉的反向方式来背诵清单,其难度要大于从加法转向减法(because reciting a list in an unfamiliar backward order is more difficult than switching from addition to subtraction)。言下之意,中国人之所以宁可用减法(6 - 4 = 2),是因为他们认为,"星期六、星期五、星期四、星期三"这样反着背,难度更大。

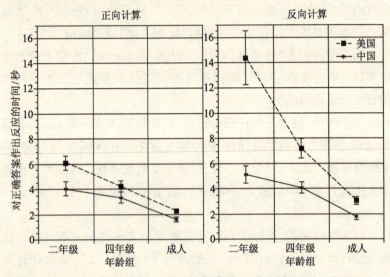

图 3.13　不同年龄组周名测试结果

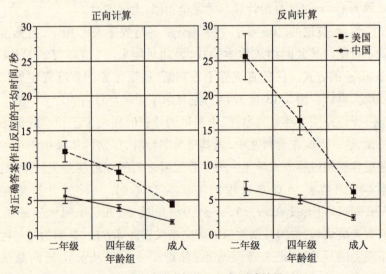

图 3.14　不同年龄组月名测试结果

这种结论恐怕有待商榷。首先,对于"4+2"与"6-4"如此简单的题目,实在很难说哪个更难——尤其是对大学生而言。其次,更重要的是,既然汉语已经提供了如此方便的数字计算方法,谁还愿意去背诵呢?二年级学生或许一时还没有想到这种捷径,但只要予以提醒,就会毫不犹豫地选择计算,抛弃背诵。

英语被试月名计算时间均长于周名计算。以反向计算为例,二年级学生从15秒增加到25秒,成人从3秒增加到6秒,这一点应在意料之中,因为数量不同,分别为12个与7个,数目越多,所需时间自然也就越长。

不过,汉语的反向计算时间亦多于正向计算,例如月名计算中,中国四年级学生的正向计算与反向计算,时间分别为4秒与5秒,这也就意味着,"9-2"比"2+7"难。这一点恐怕不易令人相信。

研究人员之所以要对周名与月名分别进行比较,有两个原因,一是汉语的周名系统并非完全数字化,也即第七天不叫"星期七"而叫"星期天";第二,英语民族通过签支票,填表格等行为,从January开始,已经十分便利地将月名实行了编号(numbering),而周名则没有这种现象。这也就意味着,在处理月名计算时,也可能使用数学法。也即一说到January,就能立刻联想到数字1,一说到February,立刻就能联想到数字2,因此,采用数学法的成人高达50%。但即使如此,也仅为汉语民族的一半。

这大约有点类似于汉语的"甲乙丙丁戊己庚辛",也可以用于数字排序,甚至加减运算,例如"丙加丁"就类似于"3+4"。然而,这种排序或者运算,若就方便快捷而言,显然还是远远不能与数字相比。这一点同样适应于英语。正因为如此,直接使用January等来进行运算的并不多。

研究人员特意说明,从图3.12可知,除二年级以外,汉英两个民族的命名时间基本相等,说明日历名称的熟悉程度已经基本没有区别,因此,如果日历计算有所不同的话,原因仅仅在于本身的日历系统命名方式不适合于计算。

由此也就引出一个问题，即所谓的 calendar calculation（日历计算），对英语而言，实际上并不恰当，因为 calculate 的本意为：to work out or find out（something）by using numbers，而英语的 calendar system（日历系统）中根本就没有数字可言，又怎么可能计算呢？事实上，Kelly 等便时时用到 recite（背诵）。也就是说，英语民族的所谓 calendar calculation 实际上是"数"或"背"出来的，而并不是像汉语民族一样，的的确确真的是用数字计算出来的。再回过头来看文章的标题，就更是耐人寻味了——既然英语的日历系统与数字无关，其 days 又怎么可能 numbered 呢？

日历计算还涉及一个"跨界"问题，比如星期六或者九月播种，显然就要到下一周或者明年才能发芽或者开花，因此需要从一周或一年之初开始计数，从某种程度上说，这也有点类似于十进制的"逢十进一"。那么，这种"界内"（within-boundary）与"跨界"（between-boundary）之分，对于日历计算有何影响呢？

汉语仍然是极其简单的加减运算，只不过是增加一步"手续"而已。例如，星期六播种，发芽之日当然不可能为"6 加 4 等于（星期）十"，那么只需按照"逢七进一"的原则，减去循环的天数"七"即可，也即星期三。代数式为：$x = y + 4 - 7$。这就好比用十进制进行运算，假如不管十位数，只问个位数是多少，便可以说 $6 + 4 = 2$。反之，如果想要星期三发芽，既然不能直接使用减法"$3 - 4$"，则只需先加上"7"，则播种之日为"3 加 7 减 4 等于（星期）六"。用代数式表达，则是已知 x 求 y，将上述算式移项后便可得 $y = x + 7 - 4$。月份计算与之完全相似，区别仅仅在于"十二进制"。

相比之下，英语无论是"界内"还是"跨界"，其方法并无本质区别，都是一一数来。唯一的差别是，由于习惯的原因，正数应该快于倒数。

根据以上分析不难断定，无论是什么情况，两种语言的本质差别仍然在于：一个主要用"算"，一个主要靠"背"。既然前者优于后者，也就意味着，汉语被试的成绩应该均高于英语被试。然而，出乎意料的是,Kelly 等的实验并没有完全证实这一猜想。

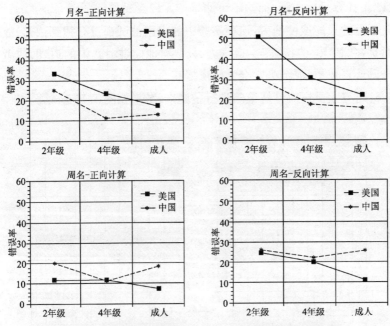

图 3.15 汉语被试和英语被试月名和周名计算的错误率

图 3.15 表明,汉语被试周名计算的错误率不仅高于英语被试,甚至大学生还要高于中学生。为什么会出现这种现象?

据研究人员分析,关键在于汉语周名系统的不一致,也即第七天没有用"星期七",而是用了"星期天(日)",导致"数字结构"与"清单结构"的混合使用,因此给计算带来不便甚至困惑。也就是说,这时已经不能采用"七进制"了,而只能换成"六进制",用代数式表达,也即将 $x = y + 4 - 7$ 改为 $x = y + 4 - 6 - 1$。中国小学生倒是很快发现此时已经不能采用直接计算的方法,于是马上选择了更加合适的策略(adaptive strategy),而大学生反而应对迟钝,仍然固守数学法,这显然称不上是一种明智选择(might not have been a wise choice)。

然而,这种解释恐怕很难令人信服。汉语尽管没有"星期七"的说法,但真要计算的话,仍然是采用"七进制"。举个例子,比如 7 号接受任务,时间为两个星期,则可以肯定,任何人都是按照"7 + 14 = 21"来计算最后期限,而绝不可能是"7 + 12 + 2 = 21"。

由此只能遗憾地说,该项实验中的中国被试都没有找到诀窍,故而是在"蛮干"、"傻算"。换言之,只要给他们讲清其中的道理,或者自己认真想想,成绩必定会大幅度提高。

研究人员还对计算策略进行了调查,结果如图3.16所示。

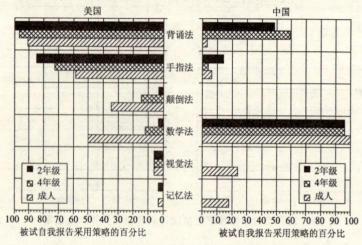

图3.16　中美两国被试月名和周名计算策略使用对比

其中最醒目之处当数"背诵法"(reciting list)与"数学法"(math)的鲜明对比。美国100%的二年级学生以及90%以上的大学生都是采用背诵法,而中国被试则主要采用数学法(二、四年级超过90%,大学生100%)。这应该早在预料之中。不过,令人不解的是,中国学生中,为何仍然有将近一半的中国二年级学生采用了背诵法?由于有些被试自我报告采用了不止一种方法,其总数超过100%当然也就不奇怪,奇怪的是,既然连二年级学生都已经尝到了数学法的甜头,为何还会不辞劳苦地去——背诵呢?尤其是,四年级采用背诵法的竟然高达60%,甚至上了大学还有采用背诵法的,实在令人难以置信,甚至不得不对这些被试的"素质"产生怀疑。要不然就是受了主试的诱惑,即你还能想到其他方法吗?

其次是手指的使用。美国被试如此依赖手指,这当然不难理解,因为他们主要采用背诵法,比如 Tuesday 播种,4 天后发芽,则一方面不但要依次列举 Wednesday, Thursday, Friday, Saturday,而且还须同时记住列举的次数。尤其是 7 个月开花,涉及的次数更多,难度自然也就更大,为了帮助记忆,避免出错,许多人(尤其是年幼者)不得不利用手指这一辅助工具——数一个名称扳一下指头。

至于说,中国被试也有少量使用手指的,显然不是针对计算而言——"2 + 4"这样的题目还用得着板手指吗?因此也只能是用于背诵。于是问题依然归结为:既然有如此简便的数学法,为何还要求助于背诵?尤其令人不解的是,中国大学生使用指头的人数居然还多于中国四年级学生!

第三项为颠倒法,即利用 1 年 12 个月,1 周 7 天的结构,将给定的日期与待求的日期形成一种互补关系,从而将反向计算改为正向计算。例如,要想九月开花,必须倒数 7 次才能得出二月播种;但如果利用"7 + 5 = 12"的互补关系,则只需顺数 5 次即可。两者相比,后者不但计数数目少,而且正向背诵也比反向背诵容易得多。这种"窍门"当然不易发觉,因此年纪越大,使用者越多。与之形成鲜明对照的是,汉语被试没有一个采用这种方法的。研究者指出,除"手指法"以外,这是第二个表明英语日历系统难以操作的证据。

最后两种为"视觉法"(any strategy involving visualization of the months or days)与"记忆法"(any strategy involving direct retrieval of an answer),语焉不详,而且数量亦少,也就不再一一介绍了。

据 Friedman(1990)的研究,儿童最初都是采用清单法来计算日期之间的距离,但到 10 岁时,便发展出一种日历视觉意象,从而能够判断日期之间的相对距离而无需计算确切距离(a visual image of calendar that permits them to determine the relative distance between dates without calculating the exact distance)。所谓 visualize,也即脑海中清楚呈现出七个周名(以及十二个月名),故而一眼就能看出任意两个之间的距离。这样的本领当然了得,但恐怕远非一般人所能企及。事实上,实验也表明,能够使用这种方法的极少,美国被试不足8%,而且,三个年龄段的比率一模一样,说明这种能力并不随着年龄的增长而增长,中国大学生倒是高达20%。

尤其值得注意的是"相对距离"与"实际距离"的区别。实际上,Friedman(1983)自己也承认,当要求给予确切答案时(比如星期二之后的第四天是哪一天),成人通常还是坚持使用语言清单法(verbal list strategy)。这就足以表明,仅仅只是在要求不严的时候,比如只需给出一个大概估计,才会有极少数人使用视觉法。

由此也就不免对这些汉语被试产生一些疑问。既然汉语的日历命名系统已经提供了如此便利的计算法,为何还要去"大致估计"呢?由于策略方法的统计结果首先是根据观察(比如是否使用手指),其次是根据个人自行报告(比如心算法还是视觉法),我们不禁怀疑这些被试是否在说真话,而说假话的目的无非是为了显示自己"技高一筹",即无须简单加减,脑海已经呈现答案。

最后一项"记忆法"同样值得怀疑,因为这里所谓的"直接提取"并不见得比加减运算更加"直接"。比如,星期二播种,4天后发芽,"2+4"便可解决,我们很难想象还会有比这更简单的方法。

Kelly 等还特意指出,Friedman 的模式是建立在英语基础之上的,因此并不一定适合于其他语言民族。现代英语与现代汉语所表征的日历系统在难易上的不同,就体现在数字策略使用的多寡之上。

结论中,研究人员首先讨论了反应时间的问题,指出,汉语民族在日历计算中有两点优于英语民族之处:第一,由于采用了数字结构,因此,对于名称的先后排列以及相互之间的距离可以提供更多信息(例如星期三排在星期二后面,星期六与星期二之间相距4天,对汉语民族来说,属于不言而喻,但英语民族却很难从字面上获得这种信息);第二,也正是由于这个原因,对于日历计算可以采用算术方法,因此也就更加便利,以至于中国四年级小学生的计算速度甚至超过美国大学生。

其中的褒贬倾向应该不难体会。然而,在谈到策略方法时,他们却又流露出矛盾心理来。尤其是提到颠倒法时，认为这种策略的使用，一方面固然证明了使用英语日历系统处理日历计算问题之不易，但同时也说明策略发现与策略选择方面的灵活性（the flexibility of strategy discovery and strategy choice）。

研究者也承认，如果仅仅只看英语民族的话，那么，其策略发展情形符合一般模式，即儿童大多采用单一方法，如这里的"清单策略"，而随着年龄的增长，方法也逐渐增多。然而，对于汉语民族来说，情况却完全不同，也即根本不存在由一种策略发展为多种策略的迹象，无论是幼儿还是成人，均使用一种方法。他们于是认为：汉语民族是将日历问题融入熟悉的计算程序之中，而英语民族则由于发展出多种解答策略，故而展现出相当大的灵活性与创造性（English speakers show quite a bit of flexibility and creativity in developing a variety of strategies for solving the tasks that we presented, while Chinese speakers generally assimilate calendar problems to familiar calculation procedures）。

这样的结论显然值得商榷，因为它很容易给人一种错觉，即汉语民族由于解答方式的单一性，于是缺乏灵活性，更不用说创造性。与英语相比，汉语日历计算方法的确堪称"单调"，即仅仅使用一种算术法。问题在于，这种方法最简单，最方便，而既然已经找到最佳方法，又何须再去寻找其他繁琐的方法呢！反之，方法多样固然值得称道，但有时却恰恰正是找不到最佳方法的证明。

作者在谈论符号系统对认知的影响时，明确指出，一种符号系统的组织形式或是促进或是阻碍（facilitate or retard）儿童对该系统的学习。而且，系统结构的影响作用还不仅止于初期学习，甚至一直延续到成年期。

于是我们自然要进一步提出疑问：英语与汉语，究竟哪种语言的符号系统能够更好地促进数字认知系统的学习，哪种语言的符号系统阻碍数字认知系统的学习？作者虽然没有给出明确答案，但根据实验数据以及研究结果，应该不难作出回答。比如，在完成某些困难作业时,中国小学四年级儿童的速度可与英语成人相比(On difficult tasks Chinese fourth graders performed at speeds comparable to those of English speaking adults)。

我们不难设想,日常生活中,一个小学四年级学生若是能与成人相提并论,即使不被称为"神童",至少也算得上"智力超群"吧。然而,这样的事情的的确确就发生在两个民族之间。既然我们绝不承认种族之间存在智力差异,那么,原因恐怕就只能到语言中去寻找了。再来回顾本章开头所引 Miller 的话:Children learn to count using a particular set of number names, a cultural tool provided by their society. That tool may be well-or ill-suited to the task of acquisition(不妨说,与英语相比,汉语这套文化工具更加适合于儿童学习计数)。

最后再来简单说说英语月份名称的来源。

一至八月的名称取自罗马诸神以及罗马皇帝,类似于人名,没有数字含义,或者说,相当于基本数词,只能一个个死记,无须多说。值得注意的是九月至十二月。早期的西历,1 年分为 10 个月,因此,最后 4 个月的名称在拉丁语中,实际上是"七、八、九、十"之意。这种用法一直保存至今,例如 septangle(7 边形)、septennate(为期 7 年)、septet(7 重唱)等。因此,若是真要从构词的角度来理解的话,September 实际上应该是七月。换言之,在以 septem-为前缀的一系列单词中,唯独 September 是个"另类"——不表示"七"却表示"九"。同样,October、November、December 按其原意应该分别为八月、九月、十月,而不应该是十月、十一月、十二月。

不过,当今的英语民族,已经极少有人知晓拉丁语了,因此也就不至于将 September 误认为七月。这真不知道究竟是应该称为有幸还是不幸。

第四章

算术能力

　　跨文化数学对比研究发现,亚洲儿童不但成绩远远高于英语儿童,而且单位时间内,前者解题的数量也远远多于后者。Geary 等(1996)曾就中美幼儿园以及一至三年级儿童进行了一项"加法速算"测验。幼儿园儿童为 63 道题目,从 1 + 1 到 5 + 5,一至三年级儿童为 81 道题目,从 1 + 1 到 9 + 9(同样一道题目有 2 ~ 3 次的重复),测试分两次进行,要求在 1 分钟的时间内,尽其所能,多多答题。结果见图 4.1 和 4.2。

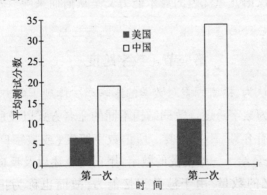

图 4.1　中美两国幼儿园儿童加法测试结果分析

　　数据显示,中国幼儿园儿童的答题数量为美国儿童的 3 倍(两次测试的结果合并计算);一年级至三年级的差距至少也在 2 倍以上。尤其值得注意的是,中国儿童第二次测试成绩的提高速度要大大高于美国儿童,似乎表明中国儿童更加善于总结经验,吸取教训,因而呈现出一种"越做越好"的倾向。与之相反,美国儿童两次成绩相差不大,说明后者基本不受前者的影响,仿佛二者之间相互独立,毫无关联。

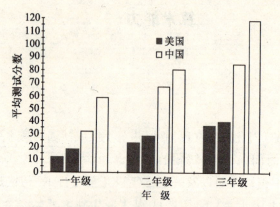

图 4.2 中美两国 1 ~ 3 年级儿童加法测试结果分析

我们已知,汉语儿童的计数能力之所以远远高于英语(以及欧洲)儿童,原因就在于汉语数词命名系统与阿拉伯数字系统的高度一致。那么,汉语儿童优越的算术能力又是从何而来呢? 本章就来予以介绍。

第一节 数字跨度

Geary 等认为,语言因素对数学的影响至少体现于两方面:一为数词结构;一为数字跨度。数词结构不同的命名方式以及所造成的影响,前面已有介绍,不再重复。所谓数字跨度(或数字广度,digit span),是指任意给予一串凌乱的数字,用正向复述以及反向复述的方式所能回忆的数量,由于涉及记忆能力,故而也称为记忆广度(memory span)。

数字跨度的测试方法,通常是以听觉或视觉的方式,以每秒一个的速度向被试展示不同长度的数字串,每一个同样长度的数字串准备两份,只要有一份复述正确,便增加数字串的长度,继续测试,如果两份皆错,则中止测试,成绩以上一次的测试数字为准。Spitz(1972)对过去 50 年有关数字跨度的研究进行分析,发现智力一般或一般以上、未经特殊训练的青少年及成年人的数字跨度为 5 ~ 7 个,平均 6 个。

这当然主要是就英语民族而言,那么,不同语言之间,数字跨度是否完全一致呢?尤其是,汉语与英语之间是否有所区别?下面就来介绍几种有关研究。

Hoosain(1979)以香港中学生(七年级)以及大学生为对象进行实验,要求他们分别用汉语与英语对数字串予以正向及反向复述,共分4种类型,即:汉语正向(Chinese forward)、汉语反向(Chinese backward)、英语正向(English forward)、英语反向(English backward)。结果见图4.3。

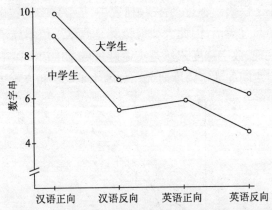

图4.3 香港中学生(七年级)以及大学生测试结果

简言之,正向复述,大学生汉语比英语多2.6个,中学生多2.9个;反向复述,大学生汉语比英语多0.6个,中学生多0.9个。(Hoosain,1979)

Ellis 等(1980)以讲威尔士语与英语的双语者为对象进行实验,要求被试以不同的语言正向复述所听到的数字串,比如,听到的是英语,分别用英语(EE)与威尔士语(EW)复述。前者的刺激语言(stimulus)与反应语言(response)一致,称为相同语言情景(same language conditions),后者不一致,称为翻译情景(translation conditions)。结果见表4.1

表 4.1　对讲威尔士语与英语的双语者测试结果

	相同语言情景		翻译情景	
	EE	WW	EW	WE
刺激语言	英语	威尔士语	英语	威尔士语
反应语言	英语	威尔士语	威尔士语	英语
平均数字跨度	6.55	5.77	5.11	5.64

　　以上两项实验是以双语者为对象进行的,或许有人会觉得数据不太可靠,尤其是前者,以汉语本族语者为对象,因此,英语再好,恐怕依然比不上汉语。不过,后一项研究中,三分之二的被试认为自己的威尔士语超过英语,因此大概应该算是威尔士语本族语者,然而,测试结果发现,数字跨度依然是英语胜过威尔士语。以下再介绍几种不同语言之间的数字跨度研究。如图 4.4,4.5 和表 4.2 所示。

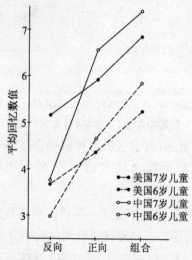

图 4.4　中国台湾和美国 6,7 岁儿童数字跨度测试结果(Stigler 等,1986)

表 4.2　基于年龄和语言关系的数字跨度研究数据表

年龄组(以年为单位)	4	5	6
正向数字跨度			
英　语	3.40(60%)	4.30(74%)	4.50(51%)
汉　语	4.69(83%)	4.89(49%)	5.33(84%)
反向数字跨度			
英　语	2.33(58%)	2.56(73%)	2.83(75%)
汉　语	2.47(64%)	2.56(63%)	2.95(80%)

（Chen 等,1988）

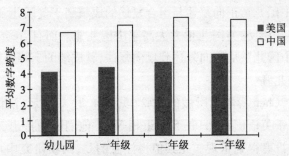

图 4.5　中美两国的数字跨度平均数值表（Geary 等,1996）

需要指出的是,各项研究所得出的数据并不完全一致。例如,根据 Stigler 等的实验,中美幼儿园、一年级、五年级的数字跨度分别为5.9,6.4,6.9 与 4.6,5.1,5.9,其间的差距分别为 1.3,1.3,1.0,而Geary 等的实验所体现的差别则高达2.6。他们认为,之所以出现这么大的差距,原因就在于前者设置了一个"人为上限"(artificial ceiling),也即将实验材料控制在 4~7 个数字之内,因此大大妨碍了对中国儿童数字跨度的准确测量。事实上,Stigler 等自己也承认了这一点:上限效应妨碍了对中国儿童数字跨度真实长度的估计(Ceiling effects prevent our estimating the true length of the digit span for the Chinese children)。尤其值得一提的是,Stigler 等发现,在数字跨度高达 7 个的被试中,中国儿童的比率分别为:幼儿园 37%、一年级 68%、五年级 92%，而相应的日本与美国儿童，幼儿园几乎为零，一年级不到 5%，五年级分别为 20% 与 30%。

图 4.4 为中美儿童正向复述、反向复述以及组合复述（grouped）的对比情况。与前面测试不同，此项测试将听力呈现改为视觉呈现，即所有数字均写在 5 × 5 的卡片上，以每秒一张的速度呈现给被试，后续卡片覆盖前面卡片，最后一张为空白卡片，要求被试分别按照原有顺序以及颠倒顺序予以复述。组合回忆与其他方式大致一样，不同之处在于，每张卡片上写着不止一个数字，例如，5 个数字的词表分别写在两张卡片上，一张 2 个，一张 3 个。呈现速度依然根据数字的个数而定，即写有 3 个数字的卡片，呈现时间为 3 秒。实验结果发现，虽然中国儿童正向复述与组合复述的成绩高于美国儿童，但反向复述则正好相反，美国儿童大大高于中国儿童。而且，post-hot 分析还发现，中国儿童从正向复述到反向复述，其成绩的下降速度也远远超过美国儿童。

不过，Chen 等随后所做的实验（见表 4.2）却显示，汉语反向复述仍然高于英语（仅仅只是 5 岁组相等）。他们明确指出，Stigler 等的发现并没有得到重现。尤其值得注意的是，两项研究中均包括同一位成员 Stevenson，这也意味着，他实际上是否定了自己以前的研究成果。因此，中国儿童反向复述能力是否低于美国儿童，至少可以说还未获得最后定论。

由于数字跨度涉及注意力以及短时记忆能力，因此历来成为智力测试的一个重要部分。而既然是作为智力测试的一个项目，人们自然会认为：数字跨度越大，表明记忆越好，智商应该也就越高。对于智力测试，人们固然一直保持慎重态度，也即不能简单地说，得分越高便越聪明，但也不能否认，人与人之间，聪明程度的确并不完全相同，或者至少，聪明所表现的方面确有不同。至于记忆力的差别，那就更是无可争议的事实了。然而，无论是智力还是记忆之间的差异，通常仅限于个人，也即可以坦然承认个人 A 比个人 B 记忆好，甚至智商高，但很少将这样的结论用于不同的民族——除非是"民族优越论者"。

问题是,一旦将数字跨度用于跨文化比较,就不得不面临这样的"困境"。例如,William 等以韦氏儿童智力量表(Wechsler Intelligence Scale for Children,WISC)为基础,制定出"威尔士语儿童智力量表(Welsh Children's Intelligence Scale, WCIS)。且看二者的对比情况,见表4.3。

表4.3　韦氏儿童智力量表与威尔士语儿童智力量表之对比

年　　龄		6.10	7.10	8.10	9.10	10.10	11.10	12.10	13.10	14.10	15.10
数字跨度分值	WISC	7	8	8	9	9	10	10	10	11	11
	WCIS	7	7	8	8	8	9	9	9	9	10

经比较发现,二者的标准并不完全相同,英语儿童的数字跨度得分值(digit span score)普遍高于威尔士儿童(14.10 岁甚至相差两分)。打个比方,这就有如同一份卷子,有的人50 分就可以及格,有的人则必须是 60 分,明摆着是对前者的一种"照顾",显然称不上公平竞争。那么,英语儿童的标准为什么高于威尔士语儿童呢? 如果说,数字跨度的大小意味着智力的高低,那么,这岂不是意味着,威尔士语儿童的智商不如英语儿童吗? 这样的结论显然不能接受! 问题于是归结为:为什么替威尔士语儿童制定智力量表时要降低标准? 或者说,为什么不能将为英语儿童制定的智力量表直接拿来使用? 照此而论,是否每个民族都必须制定自己的智力量表? 作为中国人,我们尤其还想进一步追问:有没有专门为汉语儿童制定的智力量表?

笔者在网上查到"中国修订韦氏儿童智力量表"(Chinese Wechsler Intelligence Scale for Children,C-WISC),其中注明,数字跨度的测验方法等同于成人。以年龄为 10 岁 2 月 10 天的男孩为例,数字跨度分值定为 12 分(http://wenku.baidu.com/view/3d66794ae45c3b3567ec8b0f.html)。这样的标准甚至已经高于英语15 岁儿童——更不用说威尔士语儿童。人们难免要问:为何对中国儿童如此"苛刻"? 国际通用的韦氏儿童智力量表为何不能直接用于中国儿童? 这个问题我们将在后面的论述中予以回答。

第二节　短时记忆模式

对于汉英两种语言数字跨度的差异有多种解释。有人认为是因为练习的缘故。例如,中国父母很早就开始教孩子数数,而且日常生活中有大量使用数字的机会。Stigler 等(1986)认为,与美国学校不同,中国的数学课堂上格外强调解题的速度以及反复操练,从而大大提高了对数字的熟悉程度。不过,他们自己也承认,仅凭这一点依然无法解释为什么这种差异早在幼儿园阶段便已体现出来。还有人认为与策略方法(strategy use)有关。事实上,Stigler 等(1986)的"组合复述"(grouped)测试就是为证实这种观点而设置的。但结果发现,两国儿童成绩相差不大,由此也就证明,中国儿童并没有利用这种组合形式来帮助记忆。事实上,学龄前儿童是否具有"策略意识",实在令人怀疑。第三种解释涉及计数系统,即汉语的计数系统远比英语简单。不过,这一点很快就被推翻,因为日语计数系统虽然与汉语相同,但数字跨度却与英语相似。目前能够得到普遍认可的解释,认为与短时记忆有关。

记忆一般分为长时记忆与短时记忆。二者的区别在于:第一,时间长短。前者最多不超过一分钟,后者则往往可以延续终生。例如,临时从电话簿上查到的新号码,往往是拨号完毕,便迅即遗忘。但如果该号码很重要,便会存入长时记忆之中,一旦需要,随时调出。第二,容量大小。如果把长时记忆比作一座仓库,短时记忆就相当于仓库门边作临时登记用的小黑板。仓库的容量几近无限,黑板则小得可怜。譬如临时查找电话号码,如果超过两个的话,很少有人能够全部查好了再拨号通话。要么查一个打一个,要么先用纸笔将两者记录下来。这也就是说,黑板的面积甚至小到写不下两个电话号码,必须"擦掉"一个,才能写第二个。第三,也是最重要的,即二者的功能不同:长时记忆是备用性的,短时记忆是操作性的。例如,刚刚查到的电话号码,需要反复念诵(通常表现为一边念一边拨号),否则瞬间即会遗忘。而长时记忆中储存的东西,平常总是处于一种不受注意的潜伏状态。要用时,必须通过某种检索系统,回到短时记忆中,才能被我们意识到。短时记忆的这一动态性特点,说明它的本质不在"记"而在"作"(操作),故而也常常称为工作记忆。由此也可看出,将它比喻成静态性的小黑板,并不十分恰当。

Miller(1956)认为,如果以组块(chunk)的形式予以测量的话,那么,短时记忆的容量应该是恒定的,也即7±2个单元,不过,每个单元还可包括一定数量的项目。比如,假设需要记忆一个长达10位数的号码:3478954356,我们便会很自然地把它分解成347,895,4356。这是因为,10个数字若不加处理,就相当于10个单元,大大超出短时记忆的极限。而分组后,只剩下3个单元,正好在其范围之内。事实上,手机号码通常正是采用这种分组方式记忆的:XXX,XXXX,XXXX。尽管长达11个数字,但对方只需说一遍,就能牢牢记住。

以上是就人类的普遍性而言,但不同语言之间,是否就完全一致,毫无区别呢?我们且用英语复述一遍347,895,4356这10个数字:three four seven, eight nine five, four three five six,立刻就能发现,所需的时间大大超过汉语。那么,同样一个手机号码,分别用汉语与英语告之,其记忆效果会完全一样吗?或者,更确切地说,数词发音时间的长短会对记忆产生影响吗?

Baddeley等(Baddeley, 1886;Baddeley & Hitch, 1974)提出一种数字记忆跨度假说。大脑接到信息后,由于语音缓冲器(phonological buffer)的作用,可以在工作记忆中保持大约20秒,随即消退;而如果借助发声回路(articulatory loop)予以复述的话,则还可以保持20秒。词语越短,所需的发声时间便越少,单位时间内复述的项目自然也就越多。于是,短时记忆的容量便可以用需要记忆的项目的发声长度之和来计算,而这就给数字跨度的测量提供了一个更加简捷的方式,即两秒钟之内能够读出的词数。简言之,数词的发音速度将直接影响到发音缓冲器中所保持的数字的多少——数字发音速度越快,保持的数字便越多,记忆跨度也就越大。因此可见,制约短时记忆的瓶颈并不在于需要回忆的单位数量,而在于对这些单位进行心理扫描以及复述所需要的时间,或者说,时间模式胜于组块模式(time-based model in preference to the chunk-based model)。

由于短词所需复述的时间比长词少,其记忆跨度自然也就更大,故而称为"词长效应"(word-length effect)(Baddeley 等,1975)。当然,这里所说的词长,并不一定指字母的多少,而且还与发音有关,例如,虽然都是 6 个字母,但"wicket"与"phallic"所需的发音时间就比"zygote"与"coerce"长。而既然不同语言之间,数词发音时间长短并不一样,其记忆跨度之不同也就在预料之中了。

我们先来比较英语与威尔士语数词的表达方式:

0	1	2	3	4	5	6	7	8	9
nought	one	two	three	four	five	six	seven	eight	nine
dim	un	dau	tri	pedwar	pump	chwech	saith	wyth	naw

Ellis 等(1980)的实验发现,读完 200 个任意排列的数字,威尔士语平均时间为 77.1 秒,英语平均时间为 64.2 秒,也即平均每个数词所需时间分别为 385 与 321 微秒。换言之,在同样多的时间之内,用威尔士语只能读完 5 个数字,而用英语能读完出 6 个数字。

他们由此得出结论:any operation which involves remembering numbers(anything from mental arithmetic to the remembering of telephone numbers)will be more difficult to perform in the Welsh language than in the English language(任何涉及数字记忆的操作——从心算到电话号码记忆——用威尔士语进行的难度都要比英语大)。

其中尤其值得注意的是 mental arithmetic。电话号码还仅仅只是涉及"记",而心算则不但要"记",而且还要"算",难度显然更大。比如 8 + 5,不但要将两个加数同时保存在短时记忆之中,而且还要进行运算。这样的题目对于成人来说,固然只是小菜一碟,但对于儿童来说,却远非易事。既然短时记忆容量有限,则花在储存上的认知能力越少,用于操作的认知能力自然也就越多。关于这一问题我们下面还将详细讨论。

Stigler 等(1986)在上述研究的基础上,进一步对汉语与英语进行了对比。他们认为,如果汉语数词的发声时间比英语还要短的话,那就可以用来解释为何两者数字跨度不同。

被试为 31 名在芝加哥大学就读的学生,其中 13 名中国人,18 名美国人。首先值得一提的是,为了保证实验的公正,中国被试没有选择学物理与数学的学生,因为他们经常与数字打交道,对数字可能特别敏感,故而仅仅选择了攻读人文或社会学科的学生。然而,在选择英语被试时,却不考虑专业(without regard to major)。这就意味着,其中很可能包含学习物理或数学的学生。

图 4.6 为数字跨度对比情况。汉语被试能够回忆的数字大大超过英语被试,前者的范围为 7 至 12,平均 9.2,后者的范围为 5 至 9,平均 7.2。

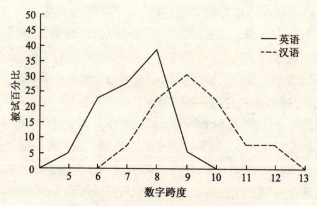

图 4.6 中美大学生数字跨度对比情况表

图 4.7 为数字回忆测试中平均每个数字发声时间长短的对比情况,汉语被试的平均反应速度为 200～240 毫秒,而英语被试所需时间大约多出 1 倍,也即 400～440 毫秒。

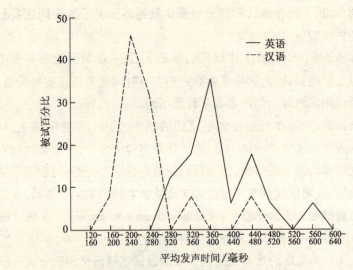

图 4.7　英语和汉语被试数字回忆测试中
平均每个数字发声时间长短的对比情况

　　图中有两点值得特别关注,第一为平均时间长度之别,两种语言分别为 406 与 527 毫秒;第二为分布情况,汉语被试读出一个数字的时间大多在 325～350 至 375～400 毫秒之间,最多的不过是 500～525 毫秒,而英语被试读出一个数字,绝大多数都超过了这一时间,时间最多的竟然高到 675～700 毫秒。

　　通过以上分析,我们于是可以回答上一节所提出的问题了,即为什么英语儿童智力量表的标准高于威尔士语儿童? 原因就在于两种语言数词的发音速度不同;发音速度越快,短时记忆的储存量便越大。既然在语言上占了便宜,测试上也就不得不吃点亏,这样才称得上公平竞争。

　　严格说来,英语的记忆跨度其实并不比威尔士语大多少(114%),但已经足以在涉及数字记忆的任何操作上体现出明显的差距来,那么,汉语与英语之间高达 2.6 的数字跨度差异,又会是怎样的结果呢?

第三节　计算策略

Stigler 等(1986)文章的主标题为"汉语与英语数字记忆"(Digit memory in Chinese and English),而文章的第一句又是:"亚洲儿童数学测试成绩大大超过美国同龄人,这已经成为常识"(It is common knowledge that Asian children far outperform their American counterparts in tests of mathematics achievement),读者自然马上就会想到二者之间的关系,也即亚洲儿童之所以数学成绩好,应该与数字记忆有关。遗憾的是,作者却并没有对这一点作出解释。或者,更确切地说,仅仅只是证实了,数字记忆的差异与数词发声时间的长短有关。与之相比,Geary 等(1996)的研究便明确得多,即:数词发音的速度影响到工作记忆中数字储存量的多少,而后者又进一步影响到基本算术策略形式的选择。

一般来说,对于"5+3"、"9-4"之类的简单算术题,成人可以无需计算,迅速报出答案,也即所谓直接提取(retrieval)。但儿童显然缺乏这种能力,因此常常不得不采取计数的方法进行计算。

Groen 等(1972)假定,人脑内部有一个计数装置。在进行两个一位数的加法运算时(如 $m+n$),一般采用小值法(min strategy),也即把较大的数作为基数(如 m),然后进行 n 次递增计数,例如 5+3,便是从 5 开始,数 3 次,即"5,6,7,8"。计数完成后,计数装置上显示总和。与小值法相反为大值法(max strategy),也即将较小的数作为基数,如"3,4,5,6,7,8"。此外还有全值法(sum strategy),即连被加数也是从 1 开始数起,如"1,2,3,4,5,6,7,8"。我们这里仅仅讨论小值法。

用计数法进行计算的关键在于,被加数与加数必须同时呈现于语音缓冲器中,这也就意味着,在计数过程中,不但要记住所要相加的两个数字,更要记住数过的次数,例如 5+3,数完"5,6"以后,不但要记住待数的数为"3",而且还要记住再数两次"7,8"。对于儿童来说,这绝非易事,常常是计数尚未完成,需要计数的数字(尤其是第二个数字)便已经忘记,因此不得不借助额外的记忆辅助手段,而最好的辅助工具就是手指(有时甚至还要加上脚趾)。也即:加数为几,便伸出相应的手指,数一次放下一个手指(俗称"掰手指")。这样,语音缓冲器中便只需保留被加数,从而也就大大减轻了记忆负担。这种方法称为"手指计数"(finger counting)。随着年龄的增大,经验的成熟,便可以摆脱对手指的依赖,使用"语词计数"(verbal counting),最后再过渡到直接提取,也就相当于进入成人阶段了。

以下就来介绍中美两国儿童从幼儿园到三年级有关加法策略选择情况的对比研究(Geary 等,1996)。

测试分为两次进行,题目为两个一位数的加法。对比内容分为4项:手指计数、手指法、语词计数、直接提取。所谓"手指法",指的是虽然伸出与加数相应的手指,但并不随着计数的进行将其一一放倒,而是一边看着手指,一边报出答案。每项策略选择分别从4个方面进行分析:策略平均选择率、平均错误率、小值法平均选择率、平均反映时间,见表4.4。

表 4.4　幼儿园儿童加法策略对比(得数小于 11)

策　略	策略平均选择率		平　均错误率		小值法平均选择率		平均反应时间(秒)	
	中国	美国	中国	美国	中国	美国	中国	美国
第 1 次测试:								
手指计数	11	29	8	13	13	6	9.3	7.6
手指法	11	0	9	…	…	…	5.8	…
语词计数	47	12	5	13	69	41	3.2	4.6
直接提取	31	59	1	33	…	…	1.6	2.8
第 2 次测试								
手指计数	0	32	…	13	…	15	…	8.9
手指法	0	3	…	3	…	…	…	5.4
语词计数	76	11	2	7	86	49	3.7	5.3
直接提取	84	54	1	8	…	…	1.5^c	2.6

第 1 次测试中,美国儿童主要依靠手指计数(29%),而中国儿童则主要依靠手指法(11%)和语词计数(47%)。值得注意的是,美国儿童的直接提取远远多于中国儿童(59%与31%),似乎表明美国儿童更加成熟,但再看后者高达 33%的错误率,也就不难明白,他们的这种所谓直接提取,其实多为猜测,甚至有可能是懒得计数,随便回答一个了事。第 2 次测试中,中国儿童手指计数与手指法全部降至为零,而美国儿童依然高达 32%与3%。与之相反,中国儿童的直接提取骤然上升至 84%,而美国儿童则降至 54%——好在错误率也同时降低到 8%。表 4.5 为幼儿园儿童加法策略对比(得数大于10)。

表 4.5　幼儿园儿童加法策略对比(得数大于 10)

策　略	策略平均选择率		平　均错误率		小值法平均选择率		平均反应时间(秒)	
	中国	美国	中国	美国	中国	美国	中国	美国
手指计数	3	76	25	44	25	13	7.6	14.1
手指法	7	0	6	…	…	…	13.4	…
语词计数	25	5	33	33	86	33	10.8	15.2
直接提取	21	17	8	47	…	…	2.3	4.8
分解法	44	2	3	25	…	…	6.0	7.3

这是额外为幼儿园儿童准备的另一套试卷,其中包括 5 + 6,7 + 8 等大数值计算题目,主要是为了调查分解法(decomposition)的使用情况。亚洲语言由于数词命名方式与阿拉伯数字完全一致,也即使用了 ten-words 结构,因此亚洲儿童能够十分灵巧地利用"十进制分解法"(10-based decomposition)进行加减运算,例如:将 8 + 5 分解成 8 + 2 + 3,将 13 - 8 分解成 10 - 8 + 3 等等。这样的运算技巧小学一年级便开始教授了。与之相反,英语使用的是 teen-words,妨碍了十进制概念的形成,因此同龄英语儿童主要采用一种"同数制分解法"(tie-based decomposition),例如 7 + 6 = 6 + 6 + 1(或者 7 + 7 - 1)。且不

说两种方法的高下优劣,至少后者的使用就受到很大的限制。事实上,如果需要运算的两个数字相差较大,不易"同数分解",便常常不得不依赖于"加法事实"(addition fact),例如 9 + 4 可化作两步:9 + 3 = 12,12 + 1 = 13。这就意味着,英语儿童不但要背乘法口诀,甚至还要背"加法口诀",例如 9 + 3 = 12 等等。其学习任务之重,可想而知。

该实验的主要目的是为了调查十进制分解法的使用情况,因此,为了防止被试采用同数法,有意排除了 3 + 3,4 + 4 之类的题目。结果发现,44% 的中国幼儿园儿童已经学会了这种巧妙的计算方法,而美国儿童仅为 2%,而且错误率高达 25%。

此外,还值得注意的是,对于这种得数大于 10 的大数值计算题目,中国儿童的手指计数率仅仅只是略有回升(3%),而美国儿童则猛然激增至 76%,说明这类题目对美国儿童来说难度要大得多,因此不得不借助于"掰手指"。反之,中国儿童语词计数与直接提取均远远高于美国儿童,尤其是考虑到后者高达 47% 的错误率,直接提取之间的差距应该还会更大,也就是说,如果美国儿童要想提高正确率的话,恐怕还得更进一步加大对手指计数的依赖。

下面是一至三年级的对比情况,我们不再一一分析介绍,仅仅只想提醒读者注意,中国儿童从一年级(且不说幼儿园)开始,便已经完全摆脱了对手指的依赖,而美国学生直到三年级,其使用率仍然高达 15%。另一方面,中国三年级直接提取率高达 100%(当然不排除少量错误),其他方法全部为零——甚至连分解法都已不屑使用,而美国学生仅为 56%。如表 4.6,4.7 和 4.8 所示。

表 4.6　一年级儿童加法策略对比

策略	策略平均选择率		平均错误率		小值法平均选择率		平均反应时间(秒)	
	中国	美国	中国	美国	中国	美国	中国	美国
第 1 次测试:								
手指计数	0	34	…	21	…	69	…	8.1
手指法	0	2	…	15	…	…	…	…

策 略	策略平均选择率		平均错误率		小值法平均选择率		平均反应时间（秒）	
	中国	美国	中国	美国	中国	美国	中国	美国
语词计数	18	42	1	11	97	100	2.9	4.9
直接提取	43	20	3	22	…	…	1.5	3.6
分解法	36	1	6	0	…	…	3.6	…
第2次测试								
手指计数	0	22	…	17	…	96	…	8.5
手指法	0	0	…	17	…	…	…	…
语词计数	3	46	0	7	99	92	2.4	4.5
直接提取	91	28	2	12	…	…	1.2	2.7
分解法……	6	4	1	14	…	…	2.2	4.9

表4.7 二年级儿童加法策略对比

策 略	策略平均选择率		平均错误率		小值法平均选择率		平均反应时间（秒）	
	中国	美国	中国	美国	中国	美国	中国	美国
第1次测试：								
手指计数	0	35	…	10	…	91	…	5.7
手指法	0	0						
语词计数	2	33	0	6	100	99	…	4.2
直接提取	94	31	5	4	…	…	1.1	2.6
分解法	4	1	2	11	…	…	2.5	…
第2次测试								
手指计数	0	25	…	12	…	92	…	5.7
手指法	0	0						
语词计数	1	34	0	6	100	98	…	4.1
直接提取	98	41	4	4	…	…	1.0	2.1
分解法……	1	1	7	0	…	…	…	…

表 4.8　三年级儿童加法策略对比

策　　略	策略平均选择率		平　均错误率		小值法平均选择率		平均反应时间（秒）	
	中国	美国	中国	美国	中国	美国	中国	美国
第1次测试：								
手指计数	0	23	…	6	…	96	…	4.7
手指法	0	0	…	…	…	…	…	…
语词计数	0	28	…	2	…	99	…	3.2
直接提取	100	45	5	0	…	…	8	2.0
分解法	0	4	…	13	…	…	…	3.0
第2次测试								
手指计数	0	15	…	7	…	93	…	4.8
手指法	0	0	…	…	…	…	…	…
语词计数	0	24	…	8	…	98	…	3.2
直接提取	100	56	3	2	…	…	8	1.9
分解法……	0	4	…	0	…	…	…	…

　　下面再来回答两个相互关联的问题，第一，为什么中国儿童那么早就得以摆脱手指计数？第二，为什么中国儿童那么早就进入直接提取阶段？其原因均与数字跨度有关。

　　首先有必要了解记忆跨度与手指计数之间的关系。且看图 4.8 对美国儿童所进行的一项实验。

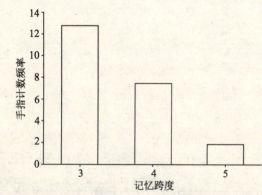

图 4.8　美国儿童手指计数与记忆跨度关系表（Geary 等,1993）

图中可以明显看出,记忆跨度与手指计数之间存在一种反比关系——记忆跨度越小,就越依赖于手指计数。尤其值得注意的是,记忆跨度越大,手指计数的频率下降得就越快。虽然实验没有涉及更大的记忆跨度,但估计一旦超过6,手指计数便很有可能降到零。我们再来回顾数字跨度一节中所列举的数据:中美幼儿园、一年级、五年级分别为5.9,6.4,6.9与4.6,5.1,5.9。也就是说,中国幼儿园儿童的数字跨度与美国五年级学生一样大。由此也就不难明白,为什么中国幼儿园儿童便已经摆脱手指计数,而美国三年级学生还有15%的在掰手指。

　　计算能力成熟的一个显著标志,就是完全摆脱计数这一中间环节,直接提取答案。举个例子,两个同龄儿童,计算同一道题目比如8 + 5,如果一个已经能够迅速报出答案,另一个还在掰手指,人们自然而然地就会认为,前者数学能力较强,甚至不妨说更聪明。既然中国三年级儿童百分之百地都能直接提取,而美国儿童仅为一半,人们当然同样有理由认为前者的数学能力强于后者。所不同的是,对于这种民族之间的差距,显然不能像对待个人之间的差距一样,从智力上寻找原因。

　　Geary 等(1996)认为,中国儿童之所以能够从使用辅助手段迅速转向直接提取,关键就在于汉语数词发声所需时间少。从理论上说,直接提取源自于题目与答案之间形成的一种关联,而这种关联是通过各种辅助手段的使用一步步形成的。例如,儿童在多次利用计数方法完成一道加法题目之后,由计数所产生的答案就会与问题本身形成一种关联。而要想形成这样一种关联,题目中的两个加数与答案必须同时被短时记忆激活。由于短时记忆能够激活的数量又与发音的速度密切相关,这也就意味着,如果一种语言的数词发音时间较短,那么,只需较少的练习,就能形成问题与答案之间的关联,并将其牢牢保持在长时记忆中,也即只要说到"3 + 5",马上就能报出"8"。从某种程度上说,这就如同背诗,只要给予上句"床前明月光",就能自动接续下句"疑是地上霜"。正所谓熟能生巧——诗词要靠背,题目要靠做。但在主观努力基本相等的情况下,客观条件便成为决定成绩优劣的主要因素了。正是因为汉语数词的发音速度快,大大增加了短时记忆的容量,足以保证题目与答案的同时激活,从而迅速促进了二者之间关联的形成。这就是为什么中国儿童早在幼儿园就能直接提取答案的主要原因,更进一步,也正是中国儿童算术能力强于美国儿童的主要原因。

第四节　单音节语言

20世纪初,印度大诗人泰戈尔应邀访华,在北京、上海等地作了一系列的演讲,对此,各界人士既有赞美,亦不乏批评。例如,在1924年5月10日演讲的次日,便有一份传单开始广泛流传,其中一段写道:"我们的农业,很难喂饱我们农民,我们的工业是严格意义上的家庭工业,我们马车和轮船一天仅能航行数里,我们单音节的语言和我们表意的文字,我们仍然处于雕版的印刷业,我们像厕所一样的街道,以及我们悲惨的肮脏的厨房,已经让我们在世界范围内丢掉了声誉。而泰戈尔先生却要责备我们过度的物质文明!我们如何能够不抗议他呢?"

泰戈尔是否责备当时的中国人已经在过度享受物质文明,不是这里所要讨论的问题,我们只想提请读者注意有关"单音节的语言和表意的文字"的论述,尤其是将其与"像厕所一样的街道"相提并论,其用意可谓不言而喻,即这样的语言足以"让我们在世界范围内丢掉了声誉"。

可以说,"汉语单音节"多年来一直是少数知识精英分子挥之不去、避之不及的一块"心病"。

林语堂在论及语言与思维的问题时写道:

> 中国文学的媒介(亦即汉语)的特性,在很大的程度上决定了中国文学发展的特殊性。把汉语与欧洲语言作一比较,人们就会发现中国人的思维与文学的特性,在多么大的程度上是源自汉语的单音性。汉语中像"jing"、"chong"、

"zhang"这样的音节,语音效果惊人的相似。单音节性决定了汉语写作的特性,汉语写作的特性又导致了文学遗产继承的连续性,因而甚至多少促成了中国人思维的保守性。……这种极端的单音节性造就了极为凝练的风格,在口语中很难模仿,因为那要冒不被理解的危险,但它却造就了中国文学的美。于是我们有了每行七个音节的标准诗律,每一行即可包括英语白韵诗两行的内容,这种效果在英语或任何一种口语中都是绝难想象的。无论是在诗歌里还是散文中,这种词语的凝练造就了一种特别的风格,其中每个字、每个音都经过反复斟酌,体现了最微妙的语音价值,且意味无穷。……人们有时会想,假如改用拼音文字,改用屈折语,那么中国人对他们的上级还会如此温顺谦恭吗?我时常感到,如果中国人能够在其语言中多保留一些词首或词尾的辅音,那么他们不仅能够动摇孔子权威的基础,并且很可能早就打破其政治结构,让知识得到广泛传播,出现长期的承平气象,并在其他方面得以稳步前进,发明更多诸如印刷术、火箭之类的东西来影响这个行星上人类文明的历史。(林语堂,1994)

再看网上一篇署名为"爱薇一万年"的文章"汉语是一种远落后于英语的语言,以后必将被英语替代",摘录如下:

我们知道,语言是活的,从历史上看,任何一种语言都是随着时间在变化的,从简单幼稚到复杂成熟,这是语言发展的自然方向。人类语言从单音节向多音节发展,从单一辅音到多辅音丛结构,从没有语法到复杂的语法,从简单贫乏的词汇向词汇丰富表达细腻复杂发展,这是人类思维进化的必要条件。

汉语单词同音字极多,使它在语言交流上难以做到又准确又简单。所以汉语才向单音节声调语言的方向发展,汉语逼进了一个狭小的空间。而英语呢,尽管使用超过二十倍于汉字的词汇量,英语的同音字词却十分少,几乎不用重复就可以明确言语者彼此的内容。同时,虽然汉语是单音节语素语言,但实际上英语的单音节字词比汉语多得多,常用英语字词多是单音节的,所以说英语的语音效率也比汉语更高,语言表达也更简练,这点非常反中国人的常识,但却是事实。

……

汉语长期让中国人长于符号的形式逻辑的演绎,而弱于从观测中抽象出学科所需要的概念,定义,公式,方程,过程,甚至是思路的能力。先说数学和物理。数学和物理都是由数理符号的演绎来进行推理和形式逻辑变换的,这点用汉语汉字的中国人和用拼音文字的欧美人一样,全都使用以相同的字母符号为基础的特殊语言和表记符号系统来进行形式逻辑的演绎和推理,所以看上去中国人并不落后。

真的是这样么?但实际上中国人是落后的,因为数学和物理除了公式外,要有基于人类自然语言的交流,应用,和概念的定义等。在这些以人类自然语言为基础的思维层面上,中国人就显出汉语的局限。在非自然语言符号系统上中国人的强项,在自然语言部分显得如此笨拙,中国人在数学和物理界并没有领袖级的人物,数学或物理的理论建设,中国人几乎没什么贡献。欧美人可以从实际数学应用中抽象地获得微积分的概念并建立微积分的表达方式和计算方法,中国人只能在别人抽象好的领域里进行不需要抽象思维(或叫低水平抽象思维)的形式逻辑演绎;欧美人可以抽象出几何学,微分方程,偏微分方程,线性代数,行列式,矩阵,微分几何,数论,有限元素法,计算数学,所有这些领域的发明,都没中国人什么事。物理更是一个需要抽象概括的领域,物理界每天都有很多定理,公式,发现,概念,描述,定义,……被发掘,而占世界人口 1/5 的中国人的贡献也是微乎其微,中国现在学物理的大学毕业生决不比任何国家少,而除了在别人总结好的公式、概念、定义、描述、过程下演绎形式逻辑外,几乎没有什么理论上的建树。

汉语的语法、词法较为混乱,远不如英语简洁、严密、易读性强。英语的包容力之强,表达词汇之丰富,正是英语的最大优点也是它终能成为通行世界的关键。(http://www.tianya.cn/pub/c/funinfo/1/1111264.504.shtml)

众所周知,文字改革家们的理想还只是以汉语拼音取代汉字,或者说,废除汉字,保留汉语,而“多音节论者”则显然更加激进,他们追求的最终目标是:废除汉语。原因很简单,即使采用汉语拼音,仍然解决不了单音节的难题——“太阳”还是读作“tai yang”,“月亮”还是读作“yue liang”。

这样的观点其实并不新鲜,早在 1918 年,钱玄同便在《新青年》中鼓吹:“国语既不足以记载文明,改用某种外国语文又非尽善尽美,则除了改用 Esperanto,实无别法。况 Esperanto 是改良的欧洲文字;世界上既有这样一位大慈大悲的 Zamenhof 制造这种精美完善的文字,我中国人诚能弃其野蛮不适用的旧文字而用之,正如脱去极累坠的峨冠博带古装,而穿极便利之短衣窄袖新装也。”

从林语堂的言论,不难看出他的矛盾心理,即汉语极端的单音节性虽然造就了中国文学的美,但却妨碍了科学技术的进步——且不说对旧有政治结构的维持。而“爱薇一万年”则更是将中国统统排除在“数学或物理的理论建设”之外。至于 Esperanto(世界语),尽管 20 世纪 80 年代曾经一时红火,出现过万人争学的热烈场面,但如今却早已是“门前冷落车马稀”。仅以北京市世界语协会为例,会员不足300 人,平时经常参加活动的仅为三四十人,而且会员平均年龄超过了50 岁。在协会成立 30 年纪念活动上,副会长王彦京称:“能活下来就是胜利”,话语中不难体会其辛酸苦楚。因此,我中国人即使真能“弃其野蛮不适用的旧文字”,取而代之的也绝不可能是 Esperanto。

然而，单音节语真的就简单幼稚，一无是处，汉语就真的远远落后于英语，因此注定要为英语替代吗？上述种种研究充分表明，中国儿童计算能力之所以优于美国儿童，一个主要原因就在于数字跨度以及记忆容量大于后者；而数字跨度以及记忆容量之所以大于后者，其根本原因就在于数词发音时间短，而发音时间最短的数词，莫过于单音节！

于是，对于那些"多音节优越论者"而言，恐怕首先有必要仔细斟酌：你们究竟是希望将来的子子孙孙上幼儿园时就能直接回答5＋3，还是希望他们读到小学三年级时依旧需要掰手指？

当然，为单音节性予以辩护的亦同样不乏其人。

> 音节词的单音节性好像会妨碍表达的伸缩性，但实际上在某些方面反倒提供了更多的伸缩余地。我甚至猜想，媒介的这种可伸缩性已经影响到了中国人的思维方式。语言中有意义的单位的简练和整齐有助于把结构词和词组做成两个、三个、五个乃至更多音节的方便好用的模式。我还斗胆设想，如果汉语的词像英语的词那样节奏不一，如 male 跟 female（阳／阴），heaven 跟 earth（天／地），rational 跟 surd（有理数／无理数），汉语就不会有"阴阳"、"乾坤"、之类影响深远的概念。两个以上的音节虽然不像表对立两端的两个音节那样扮演无所不包的角色，但它们也形成一种易于抓在一个思维跨度中的方便的单位。我确确实实相信，"金木水火土"这些概念在汉人思维中所起的作用之所以比西方相应的"火、气、水、土"（"fire, air, water, earth"或"pyr, aer, hydro, ge"）大得多，主要就是因为 jin—mu—shui—huo—tu 构成了一个更好用的节奏单位，因此也就更容易掌握——这就好比英语中代替点数用的 eeny—meeny—miney—mo 一样。（赵元任，2002）

还有些非中国人说汉语缺乏逻辑性，在语言类别中，应属下等的。这也使我想起一事：约四十余年前，有一位老友与人辩论汉语音缀(即音节,当时曾用这一词)问题。因为有些非中国人见动物所发声音多属单音缀(其实不然),便从贬义出发,说汉语也是单音缀的。这位老友在一书中,费了大量笔墨去辨明汉语不是单音缀的。我读了不禁好笑,这位老友可谓辨所不必辨。即使汉语是单音缀的,与我们在生物界中属性品种毫无关系。可以绝对保证,我们不会因为有一字一音或一词一音处,便成了飞禽走兽。所以我们也完全可以放心,即使汉语有所谓缺乏逻辑性处,我们也不会被送进动物园陈列起来!(启功,1997)

尤其值得一提的是,赵元任还以背乘法表为例,证明单音节的好处:"除了声调的使用以外,汉语词的简短,还可以拿数字系统作为例子。汉语里开头10个数目的名称都是单音节。背乘法表,从'一一得一'到'九九八十一'用30秒。同样的乘法表让一个英语为本族语的人用英语来说,我记录的时间是45秒。"(赵元任,2002)

然而,乘法表的背诵并不仅仅只是一个时间的多少问题,更涉及能不能背、甚至愿不愿意背的问题。为了更加直观起见,我们不妨就来亲身一试。

汉语:一九得九,二九十八,三九二十七

英语:one times nine is nine, two times nine is eighteen, three times nine is twenty-seven

请注意,赵元任这里还只是谈到"用英语说",也即:照着现成的文字读一遍;那么,倘若是"用英语背"呢?换言之,英语民族尤其是英语儿童,能够像我们一样,顺利地背诵乘法表吗?

《新闻周刊》(Newsweek)1997年刊登了一篇名为"扔掉计算器"的文章。其中描述了一个场景:一位九年级学生,就因为不许使用计算器,于是被一道"5×6"的题目难倒了。左思右想,不得其解,最后只好胡乱写了个"35"交差。作者由此叹道:"伴随计算器长大的学生既要学习解题策略又要对付实际运算。三年级时需要借助计算器才能算出9×4的孩子,到了高中仍然需要计算器才能做同样的题目。"

《基督教科学箴言报》1998 年 1 月 26 日发表文章："丢弃计算器,英国教育回到基本技能训练上",其中说到,英国负责基础教育的国务大臣斯蒂芬·拜尔斯在接受记者采访时,被问到 8×7 等于几,他回答:"我想是 54 吧。"当告知正确结果之后,他为自己打圆场说:"这对我们所有人来说都是一个教训。"

这里所说的"教训",显然指的就是过度使用计算器。然而,西方人即使真的扔掉计算器,便能顺利地背诵乘法口诀吗? 反过来,计算器在中国也早已不是什么稀罕物,比如手机就带有计算功能,但我们会为了 8×7 而掏手机吗? 由此可见,问题并不在于计算器,而在于语言表达方式,也即是否适合于背诵。单音节语言正是由于音节少,发音快,同样多的时间可以表达更多的内容,因此特别适合于背诵,甚至被称为"歌诀文化"、"口诀文化"。

著名数学家陈省身指出:"小孩子记忆好,背九九表也不难。中国人背诵一些重要的东西有传统,可以好好利用。所谓'熟读唐诗三百首,不会做诗也会吟'。中国的数字都是单音节,九九表读起来琅琅上口,这种优势,应该发扬。"(张孝达等,2007)

于是要问"多音节优越论者",你们在鼓吹"语言发展的自然方向",呼吁汉语从单音节向多音节"进化"时,考虑过丧失这种优势所带来的后果吗?

第五章

位值概念

一个数字的数值,不但取决于面值(face value),而且取决于位值(place value),也即所在的位置。比如数字"1",放在个位数上,其数值就是"1",放在十位数上,其数值就是"10",放在百位数上,其数值就是"100",等等。

汉语数词命名系统与阿拉伯数字系统完全一致,11 就说成"十一",清清楚楚地体现出 10 加 1 的关系,因此,儿童在学习数数的过程中,便已经意识到数词系统的加法特性(the additive property of numeration system),故而位值概念往往学龄前便可天然形成,无需额外教授(place value is not explicitly taught as a separate topic)(Yang and Cobb, 1995)。换言之,任何一个数字,只要一经说出,也就同时揭示出其位值。甚至不妨说,位值概念实际上就是整个汉语认知表征系统中的一个固有成分(an integral part)。因此,只要掌握了汉语数字认知表征系统,同时也就获得了位值概念。事实上,绝大多数人根本就没有听说过"位值"一词,更不知道什么意思。

反之,英语由于特殊的数词命名方式,不可能自然形成位值概念,因此不得不依赖于专门教学。由全美数学教师理事会制定的《美国学校数学教育的原则和标准》便明确规定:"到小学二年级末期,学生必须能够确实理解十进位数字系统和位值概念。"

然而,众所周知,提出教学要求是一回事,具体教学能不能达到要求往往又是另一回事——否则势必人人及格,个个毕业。那么,美国二年级学生是否能够如愿以偿,真的掌握位值概念呢? 且看Kamii 等(1988)的一个实验。

主试首先出示一张写有某个数字比如"16"的纸片,要求被试数出相应数目的实物如积木。然后指着该数字中的"6",要求被试数出相应数目的实物。至此为止,参加实验的所有一年级与二年级学生均能顺利完成。然而,当主试指着该数字中的"1",要求完成同样的任务时,几乎所有的学生都只数出一个实物。

主试进一步追问:"既然你已经数出表示这个数字(指着 16)的积木(指着 16 块积木),又数出表示这个数字(指着 6)的积木(圈出其中 6 块),又数出表示这个数字(指着 1)的积木(圈出其中 1 块),那么,为什么还会剩下这么多呢(指着余下的积木)?你不觉得奇怪吗?"少数孩子觉得的确有点奇怪,但绝大多数依然认为实在看不出自己的回答哪里不对。

实验最终发现:知道"16"中的"1"等于"10"的,一年级一个都没有,三年级为 33%,四年级为 50%。由此可见,"小学二年级学生必须能够确实理解十进位数字系统和位值概念",仅仅只是一个美好愿望而已。

许多数学老师获知 Kamii 这一实验结果后,简直不敢置信,因为绝大多数二年级学生早已学会计算 37 + 29 这种两位数的题目,也就是说,应该已经掌握逢十进一的基本原则了,那么,为什么会不明白,这个从个位数进到十位数的"1"应该就等于"10"呢?换言之,他们即使完美无缺地计算出 37 + 29 = 66,但是否真正了解"66"的确切含义呢?甚而至于,这个结果究竟是"算"出来的还是"数"出来的,仍然值得怀疑。

Kamii 等随后介绍,阿拉巴马州某小学根据皮亚杰的理论创立了一套教学法,效果大大超过了传统教材法(traditional textbook method)。例如,二年级学生中,66% 的知道 16 中的"1"等于 10,74% 的知道 54 中的"5"等于 50。这样的比率大大高于传统教学法下的四年级学生。

然而,这种"成就"在我们看来,实在是有点令人啼笑皆非——"54"不就是"50"与"4"吗?为什么美国孩子读到四年级还不明白?英语儿童学习位值概念究竟遇到了怎样的麻烦?本章就来对有关情况予以介绍。

第一节 UDSSI 三角模式

由于一位数数字的面值与位值相互重合,因此,位值概念实际上从两位数才开始体现,换言之,能否明白 17,24 这类数字的含义,是形成位值概念的关键。但不幸的是,英语儿童最初接触的两位数却是 teen words,而这类词的构成恰恰完全违背了阿拉伯数字系统,导致语义晦暗。由此不难推测,英语儿童对两位数的理解是一个相当艰难的过程,从而不得不影响到位值概念以及十进制的形成。

Fuson 等(1997a)认为,两位数结构概念的形成必须经过 5 个阶段:unitary, decade, sequence, separate, integrated。取其字首,可以构成一个 UDSSI 三角模式,见图 5.1。

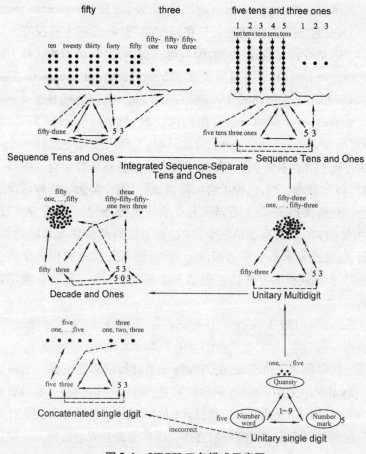

图 5.1　UDSSI 三角模式示意图

首先需要指出的是，这一套令人眼花缭乱、曲折复杂的"流程图"，其实仅仅只是针对英语（以及欧洲语言）而言，完全不适合于汉语。换言之，对于汉语儿童来说，两位数概念的建构非常简单——只需从右下角的 unitary single digit 出发，绕过上面的 unitary multidigit，便可直接进入最后阶段。与之相反，欧洲语言儿童从同样的起点出发，必须首先往上，然后左拐，接着又往上，最后再经过顶层两个阶段的相互融合，才能抵达同样的终点。正是因为如此，作者认为，对于讲欧洲语言的儿童来说，这一任务足以令人胆怯（quite daunting）。

这里有必要引用 daunting 的原意：to cause to lose courage or the will to act（使人失去行动的勇气和意志）。欧洲儿童中有没有人因此而打退堂鼓，我们不得而知，但值得一提的是，在谈到最后两个阶段的融合问题时，作者特意写到：Children who have the opportunity to construct both a sequence-tens and a separate-tens conception of two-digit numbers⋯.（那些有机会建构两位数"序列十位数概念"以及"分离十位数概念"的儿童⋯⋯）。试问：为什么要加上这样一个限定成分呢？既然有些孩子"有机会"，当然也就意味着还有一些孩子"没机会"，那么，没有这种机会的儿童，是否终身都无法建构两位数概念？众所周知，一个人若是没有上学的机会，便很可能终身文盲。但中国人即使是文盲也依然会数数，亦不妨碍两位数的加减运算。然而，这种最基本的数字运用能力，欧洲语言儿童难道也必须通过"上学"才能获得吗？借助于位值概念的对比分析，我们不难得出答案。

Fuson 等（1997b）后来对该模式作了某些修改，为了方便起见，我们将二者合并一处，综合介绍见图 5.2 和 5.3。

之所以称为三角模式，是因为每一个发展阶段都包含一个由数量（quantity）、数词（number word）、数字（written numeral）三者构成的三角关系，因此不妨说，两位数概念的建构过程，实际上也就是对这种三角关系一步步加深理解的过程。因此有必要先对这种三角模式略作介绍，且看图 5.3。

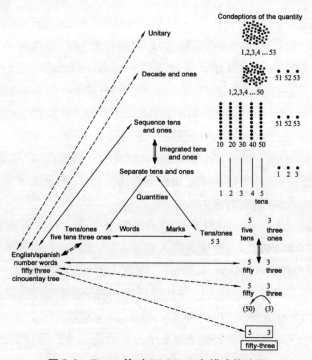

图 5.2　Fuson 等对 UDSSI 三角模式修改图

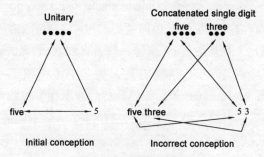

图 5.3　三角模式图解

左边部分为儿童最早形成的初始概念,由 3 个双向关联(3 two-way links)组成,表示数量、数词、数字三者两两之间的相互关系。所谓 initial,不仅可以指"最初的",其动词 initiate 亦含有"开始、启动"之意,也即只要提到三角关系中的任何一个概念,便能联想到其他两个概念,例如,听到 five,就能想到或者写下 5;看到 5 只鸟,就能想到或者说出 five,等等。

右边部分表示一种错误概念,即将两位数"53"看作两个独立的数字。也就是说,与其相对应的不是 fifty-three(数词)与 53 个物体(数量),而是将该数字拆开成两部分,"5"对应 five 与 5 个物体,"3"对应 three 与 3 个物体,故而出现了 6 个双向关联,实际上也就等于形成了两个三角关系。尤其值得注意的是 concatenated 一词,意为:to join together; unite as in a chain(像链条一样地连接)。很显然,数字 53 绝对不是两个链条环环相套式的简单相连,而是体现了一种前后位置相差 10 倍的数值关系。

下面就来一一介绍图 5.1 所示的发展过程。首先再次提醒一句,它们全部都是针对欧洲语言儿童而言,与汉语儿童毫无关系。其次,正因为我们没有这种亲身经历,因此不但体会不到其艰辛,甚至很有可能看不懂——笔者也不敢保证能否完全解释清楚,因此有些地方不得不引用原文,以供参考。另外,还须说明一点的是,图 5.1 中有两个"unitary",也即应该有 6 个发展阶段,而缩写词 UDSSI 中只有一个 U。

一、单一性一位数概念(Unitary single digit conception)

这是所有语言的儿童都必须经历的一个过程,因为阿拉伯数字系统的基本元素就是由 1~9 这样一些各自独立、毫无关联的数字组成,也即 unitary(单一的、单元的),只能一个个单独学习。它与图 5.3 中的 initial conception 非常相似,也即:表示在个位数范围之内所建立起来的数字、数词、数量之间的三角关系。所不同的是,对于汉语儿童来说,这种关系一旦确定,就能毫无困难地运用于两位数,因此可以直达 UDSSI 三角模式的最后一步。与之相反,英语数词的命名方式却极易将儿童引上歧途,也即虚线指向的 concatenated single digit,甚至不妨说,正是为了最终的"迷途知返",才不得踏上一个如此 daunting 的艰难旅程。

二、单一性多位数概念(Unitary multidigit conception)

这是直接从 unitary single-digit 引申出来的一个概念,其特点是:

由三角关系相关联的数量、数词、数字都是不可分割的整体,即:relate a whole word to a whole quantity to a whole mark。比如,15块饼干,其中的"1"就与"fifteen"中的"teen"不相关联(也即不知道这个"1"等于"10"),而"15块饼干"这个数量也不能分解为10块饼干与5块饼干。图5.2将其简化为Unitary,放到了顶层;右边的数量概念(conceptions of quantity)表示,在这一阶段,由53这一数字代表的数量是一个整体,不能分开。也就是说,虽然以上两个过程都名之以unitary,但性质显然完全不同。前者涉及的是一位数,称为unitary,尚属名符其实,但后者涉及的明明是两位数,仍然视为unitary,便可谓"认知糊涂"了。可惜的是,欧洲语言数词系统恰恰极易让人产生这样的糊涂。

很显然,这样的阶段汉语儿童是完全不可能经历的,因为汉语的15就读作"十五",清清楚楚地体现出"10"与"5"的相加关系,因此,"15块饼干"也就可以轻而易举地分成"10块"与"5块"。事实上,中国父母正是这样教孩子的,即早在孩子5岁左右时,便已经开始以十为单位(甚至以五为单位)对物体进行分组(这可能也正是"一五一十"的来源),以帮助他们认识数量与数字之间的关系,故而极其顺利地建立起separate-tens and ones三角关系(解释见后)。我们不妨设想,假如英语读作"ten five"的话,便能同样清楚地体现出这种"十位数与个位数相互分离"的三角关系,,也就同样可以绕过这一阶段了。

三、十位数与个位数概念(Decade and ones conception)

与上一阶段相比,该阶段一个最明显的区别就是从53个物体中分离出3个来。这就意味着,儿童此时已经意识到,一个两位数是由两部分组成的,可以分解为一个decade与几个ones,比如fifty-three就可以分解为fifty与three。然而,需要指出的是,这里的fifty仍然是一个不可分割的整体。换言之,decade虽然意为"十",但却与十进制毫无关系,因此,儿童所理解的decade其实不过是twenty, thirty, forty, fifty, sixty这样一些数词而已。汉语儿童由于"五十三"这样的提示,于是知道53就是50加3,因此,数到"50"时,看到还剩

3个,便无须"51,52,53"——数下去,而是将它们一并加在50后面,直接报出"五十三"。与之相反,英语儿童不知道 fifty 的意思就是 five tens,因此,数到"fifty"时,还必须一个接一个地全部数完。也正因为如此,这3个分离出来的物体都有自己固定的名称,即 fifty-one, fifty-two, fifty-three,而不能泛泛地称为 one, two, three。

细心的读者很可能还会提出一个疑问:为什么53下面标有一个503? 难道 fifty-three 会被误解为503吗? 遗憾的是,事实恰恰如此。问题的根源就出在 decade and ones conception 这一概念本身,因为其中的 decade 仍然是一个不可分割的整体,就其本质而言,仍然是一种链接式个体数字概念(concatenated single digit conception),因此,所谓 decade and ones,完全可以理解为个位数数词跟随在 decade 数词之后(the ones word follows the decade word)。例如,在 fifty-three 中,three(ones word)便跟随在 fifty(decade word)之后,如果把它们转换成相应的数字,恰恰正好是503,也即:I hear fifty and then a three, so I write 50 and then 3, so 503。

解决这一问题最直接的方法当然是解释——53是 fifty-three,503是 five hundred and three,两者根本不是一回事。这一招如果不灵,则不得不采用其他方法,例如,将"50"中的"0"用淡色虚点表示,再将"3"写在其上,以表示50"隐藏"在53之中(to show the fifty "hiding" in the 53)。或者使用"位值卡片"(place value card),也即将不同数值的卡片相互重叠,以便让儿童直观地了解,一个多位数是如何一步步构成的,或者更确切地说,"0"是如何消除的,见图5.4。

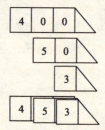

图5.4 多位数构成直观图

由此不难想象,欧洲国家的数学老师对于这种错误早已是司空见惯,否则的话,又何必设计出如此丰富多样的补救措施——包括这里正在介绍的 UDSSI 三角模式。

与之相反,汉语数词的构成方式明确表示出每个数量(以及每个数字)中各个部分之间的相互关系,因此,任何一个两位数数字,写的时候只需去掉"十",读的时候只需加入"十"。这也就意味着,汉语儿童不可能将"五十三"写成"503"。

四、序列十位数与个位数概念(Sequence-tens and ones conception)

该阶段的不同之处,首先从数量概念上便可一眼看出,也即原来作为整体的 50 个物体,现在已经分成 5 组。所谓序列十位数(sequence tens),指的是十位数(tens)现在也可以像 ones(个位数)一样,作为序列单位予以计数了,不过,这种"序列"还不是基数词 one, two, three,而是 decade words,即 ten, twenty, thirty,也即"数词序列中的以 10 计数"(count by ten within the number-word sequence)。换言之,儿童这时还不能一眼看出 50 中有几个 10(how many tens),正如更加年幼的儿童不知道 5 中有几个 1 一样,必须扳着手指从头到尾数一遍。而且,剩下的 3 个,依然分别名为 fifty-one, fifty-two, fifty-three。

五、分离十位数与个位数概念(Separate-tens and ones conception)

"序列十位数"之后为"分离十位数"(separate-tens)。该阶段最醒目的变化仍然是数量概念,即上一阶段的 10 个点此时已用直线相互连接起来(图 5.2 干脆用一条直线表示)。这也就意味着,儿童此时已经明白,一个两位数所表示的数量可以分离为"十位数"与"个位数"两种单位(unit of ten and unit of one),而且两者都可以用后一种单位来计数(counted by ones),比如 53 就可以表示为"1,2,3,4,5 tens and 1,2,3 ones"。尤其值得注意的是,图 5.2 中表示数量概念的数字已经由 51,52,53 变成了 1,2,3,说明这时的儿童也已经可以将一个两位数字分解为十位数与个位数两种系统,而凡是数值不超过 10 的,都以个位数名之,与之相反,以前则总是要带上十位数(更确切地说,是带上 decade),如 fifty-one,fifty-two,fifty-three。换言之,以前只能把这 3 个数字视为接在 50 之后的、具有特定名称的数字,而现在则可以视为与之无关的、可以接在任何一个整数后面的独立数字了。

六、融合序列—分离十位数概念(Integrated sequence-separate tens conception)

首先需要说明的是,以上的叙述中,序列十位数概念排在分离十位数概念之前,但在现实发展过程中,孰先孰后,却往往要依具体情况而定——如果注重数词,则有利于序列十位数概念的形成,如果注重数字,则有利于分离十位数概念的形成。但不管哪种情况,这两个概念都是一前一后相继获得的,因此,最后必须予以融合,才能真正了解两位数的含义。

处于序列十位数概念的儿童知道以 10 为单位进行计数,但同时还要记住计数的次数(也即 5 次),才能知道 50 中有 5 个 10(count by tens to fifty and keep track of how many ten counts there are to find five tens in fifty);而处于分离十位数概念的儿童必须数 5 个 10 才能知道等于 50(count five tens to find out that they make fifty)。

举个例子,50 块饼干,分别装在 5 个盒子里,每盒 10 块。用序列十位数概念进行计数,就相当于将盒子打开,可以清楚地看见里面的饼干数量,因此,其计数对象仍然是 50 块饼干,只不过是分为 5 组,每组 10 块,即 the five open boxes of *ten* doughnuts(five groups of *ten ones*);而用分离十位数概念进行计数,则相当于将盒子盖上,看不见饼干,于是计数对象变成了 5 个盒子,即 the *five* closed boxes(five *tens*)。

如果以图 5.2 的数量概念为例,则 10 个点变成了一条线,数字 10 变成了数字 1,表明儿童已经能够把 10 作为一个单位处理了。两者之所以需要融合,是因为儿童必须明白,表面上看,虽然 10(比如 10 块饼干)已被 1(比如 1 个盒子)取代,但这里的 1 实际上是由 10

个 1 组成（1 个盒子里有 10 块饼干）。换言之，数词（fifty）涉及的是序列十位数概念，数字（53）涉及的是分离十位数概念，二者如果不相融合的话，则前者的十个点不可能抽象为后者的一条线（如 10 块饼干装 1 盒），而后者的一条线也不可能令人联想到前者的 10 个点（如一盒中有 10 块饼干）。

与之相反，汉语儿童无须经历这样的阶段，因为汉语中的序列十位数概念与分离十位数概念天然便相互融合，原因非常简单——53 就读作 five ten three。换言之，汉语数词构成本身就已经清清楚楚地表示出每个数词以及每个数字的数量含义，也即"一个分离十位数"与"几个单个个位数"（a separate-tens and single units）。因此，在对以 10 个为一组的物体进行计数时，就可以使用单个数字，如 one tens，two tens，three tens，或者，更加简便的方法是，仅仅保留最后一个 tens，如 one，two，three tens。

总结以上所述，按照图 5.2 的顺序，从顶层的 unitary 开始，一层层地逐步向下发展，最终的目的不过就是揭示（也即让英语儿童明白）：53 是由 50 与 3 组成，而且二者的合并不是简单的相互叠加，而是必须以 3 取代 0（如图 5.2 所示）。

尤其请注意图 5.1 最上面一行，即由前一阶段的 fifty-three 变成了 five tens and three ones。众所周知，英语中其实根本没有这种表达方式，因此，即使发展到最后这一阶段，英语儿童仍然只能说 fifty-three。唯一不同的是，他们此时已经明白，fifty-three 的意思就是 five tens and three ones。那么，在教学过程中，能不能干脆让儿童也熟悉这种虽然陌生、但含义极其明确的表达方式呢？

正是受汉语数词命名系统的启发，Fuson 等设计了一种"十进制棍/点数量作图法"（ten-stick and dot quantity drawings）的教学方式，而其中一个重要内容就是引进 five tens and three ones 这类表达方式，称为 tens-and-ones words。结果大多数一年级学生很快就学会了采用十进制结构来解答需要进位及借位的两位数加减法，而这种类型的题目通常要到二年级才会涉及。尤其值得一提的是，他们还特意补上一句:这些学生演算起来更像中国、日本、朝鲜学生而不像同龄或年长的美国学生(performing like children in China, Japan and Korea rather than like age-mates in the United States or like children in higher grades in the United States)。

可惜我们不知道,这种教学方法的普及率究竟有多高,更不知道究竟有多少人愿意接受这种 tens-and-ones words。不过,有一点是完全可以肯定的,即假如英语废除 eleven, twelve, thirteen,改用 ten one, ten two, ten three,则两位数概念的建构必定与汉语一样简单,也就无须经受 UDSSI 三角模式这样一个漫长的艰苦磨难了。

第二节 赋值系统

阿拉伯数字本身是不表示数值的,同样一串数字,比如 1987,如果作为年份的话,汉语读作"一九八七年",也即只需依次单独读出,最后再加一个"年"。英语读作"nineteen eighty-seven",表面上看好像表示了数值,但事实上没有人会将其理解为"十九八十七"。只有作为基数(以及序数)时,加进"千、百、十"等明确表示数值的词,一串数字才能体现出前后相差 10 倍的数值关系。这就意味着,阿拉伯数字是一种"位置性十进制系统"(a positional base-ten system),数值关系仅仅隐含于数字符号的相对位置。既然阿拉伯数字需要命名,才能从"数字文字"变为"数字语言",那么,最理想的命名方式,当然就是能够将其中隐含的数值关系清晰地体现出来,使其成为一种"赋值系统"(named-value system),即一个数词一旦说出,同时也就赋予了数值(a number word is said and then the value of that number word is named)。

汉语显然完全符合这样的要求,例如 4320 就读作"四千三百二十",也即只要说出"四千"、"三百"、"二十",数字 4,3,2 的位值也就明确地表达出来了。相形之下,英语最多只能称为"半赋值"——4 300 固然可以说成 four thousand three hundred,但 20 却不能说成 two ten。换言之,尽管说出了"twenty"这个数词,但却没有赋予相应的数值(the number word"twenty" is said but the value is not named)。懂英语的人当然知道 twenty 的含义,但这一含义并非来自 twenty 本身,这一点只要与 two ten 予以比较便不难明白,无需多说。

由此可知,英语数词要到百位数才开始成为赋值系统,原因就在于使用了 hundred 与 thousand 这样的数值词(value words),从而使得这两个位值的表达可以采用基数词与数值词直接相结合的方法,例如 two hundred,three thousand 等。与之相反,由于 ten 没有赋值,不能参加构词,基数词无法与数值词直接相结合,如 two ten,故而只能采用 decade words,如 twenty。由此不难想象,假如百位数与千位数也没有赋值的话,就不得不使用"hunade words"与"thousade words"。

所谓"hunade"与"thousade",显然是模仿 decade 虚构的两个"假词",英语中并不存在;而它们之所以不存在,原因就在于这两个位值被赋予了值。我们不妨通过西班牙语来领会一下,何谓"hunade words"。西班牙语虽然有 cinco(five),也有 ciento(hundred),但却不说 cinco ciento(five hundred),而是造出一个与二者毫不相干的词:quinientos。幸亏只有这样一个特例,否则学习与记忆不堪重负。那么反过来,假如英语也为 ten 赋值,从而废除 twenty 这类 decade words,直接就说 two ten,岂不就能大大减轻学习与记忆负担吗?

遗憾的是,由于英语(以及其他欧洲语言)数词的非规则性无法清晰明确地对 10 赋值(their irregularities do not explicitly and clearly name the ten),其结果就是导致了两位数概念极其艰难、令人胆怯的建构过程。

与之相比,三位数的概念建构就容易多了,原因就在于:explicitly and clearly name the hundred(清晰明确地对 100 赋值)。也就是说,对于任何一个三位数,例如 123,只要将其读出:one hundred and twenty-three,就立刻知道是"一个百与一个二十三相加"的关系,或者说,清清楚楚地将"百"这一单位分离出来,也即 separate-hundreds(分离百位数概念)。这也就意味着,对于三位数的概念建构,英语与汉语一模一样,都是从同一个起点出发,只要建构一个

separate-hundreds 概念结构，就可以直接进入终点，而无需经历所有其他中间阶段。

由此也就不难想象，假如英语对 ten 也赋值的话，123 说成 one hundred two ten three，那么，"十"这个单位同样也能清清楚楚地分离出来，两位数概念建构于是也就与三位数一样简单容易了。

表面上看，英语似乎只是比汉语稍差一点而已，也即仅仅只是 ten 没有赋值，殊不知，十进制概念正是建立在这个赋值单位之上。正所谓"失之毫厘，差之千里"，恰恰就是这一点点"细微区别"，严重影响到十进制的形成，进而导致数学成绩的巨大差异。

最后有必要再来说说西班牙语。与英语一样，西班牙语的 11~19 也是 teen words，因此，许多西班牙语儿童同样也不知道 16 中"1"的数值为"十"。不过，值得一提的是，16~19 有两种表达方式，即除了 thirteen 这类 teen words 以外，还有一种 tens-and-ones words，即 ten and three。这也就意味着，对这几个数词而言，一旦说出"十"这个数词，同时也就赋予了数值(the number word"ten"is said and the value is named)，因此可以将它们表示的数量理解成"a ten and some ones"。例如，在一次类似的测试中，一个女孩先是拿起一块积木来表示 16 中"1"，然后，仿佛受了某种启发一样，突然冒出一句："Diez y seis es un diez y seis unos"(Ten and six is one ten and six ones)，于是拿起 10 块积木。也就是说，根据 ten and six 这样的表征方式，她已经意识到，二者其实是可以分离的，也即"一个十与六个一"(one ten and six ones)，而这个"ten"当然也就相当于 16 中的"1"。

Fuson(1997b)等对这一现象总结道：这一事件说明两点，第一，数词本身尚不足以保证理解，因为它们仅仅只是一种具有"潜在"意义的指称物)；第二，数词本身确实有利于这种理解，因为它们的确是具有潜在"意义"的指称物(This incident indicates both that the words themselves *are not sufficient* for this understanding (they are only *potentially* meaningful referents) and that they *can facilitate* this view (they are potentially *meaningful* referents)。

简单地说,西班牙语的 16～19 虽然具有潜在的含义,但通常难以为儿童发觉,因此,也就有赖于教师的明确指点。而只要教师紧紧抓住 16～19"大做文章",极力强调它们作为 tens-and-ones words 的本质特点,这几个数词就有可能充当表达相应数量的指称物。不仅如此,即使 11～15 只有一种表达方式,凭借 16～19 的提示,将"潜在"意义提升为潜在"意义",也即在学习 eleven 时,便告之还可以表述为 ten one,就完全有可能将其设想为 tens-and-ones words。

与之相反,英语的 teen words 则根本不具备任何潜在意义,英语儿童也就不可能像西班牙语儿童一样,从 16～19 的表达方式获得感性认识,因此只能完全依靠人工虚拟的 tens-and-ones words,其难度自然大得多,成功率自然也就低得多。

第三节 扩展记数法

Bruner(1996a,1996b)将认知发展分为 3 个阶段:动作表征(enactive mode of representation),映象表征(iconic mode of representation)和符号表征(symbolic mode of representation)。美国小学的位值教学基本上遵循了这一模式,即首先借助辅助材料,例如十进制积木(base-10 blocks),让儿童学习用实物的方式表达一个数字所代表的数量,在这种图画式表征(pictorial representations)的基础上,进一步学习数字的"扩展记数法"(expanded notation),最后再简缩成标准记数法(standard notation)。

为了明晰起见,先看图 5.5。

four thousand,five hundred sixty-seven
    └── written in words

4 567 ← in decimal or standard notation

4 000+500+60+7 ← in expanded notation

$4 \cdot 10^3 + 5 \cdot 10^2 + 6 \cdot 10^1 + 7 \cdot 10^0$ ┐
in expanded notation using powers of 10

图 5.5　数字"4 567"的几种表达方式

图 5.5 显示了数字"4 567"的几种表达方式。第一行为每种语言所特有的数词表达法,假如换成汉语的话,则是"四千五百六十七";第二行为十进制(decimal)或标准记数法;第三行为扩展记数法;第四行是使用乘方的扩展记数法。

由此可知,所谓扩展记数法,不过就是将一个数字按单位进行分解而已;反过来,将一个扩展数字予以简缩,便可以还原为标准记数法。然而,这些知识对于西方语言民族来说,并不容易掌握。

下面来看几道有关习题:

1. What place value does the 2 have in 2 094(数字 2 094 中 2 的位值是多少)?

    A:Thousand.

    B:Hundred.

    C:Tens.

    D:Ones.

2. Which number is in the one place in the number 16 395(数字 16 395 中,哪个数字是个位数)?

    A:1.

    B:6.

    C:9.

    D:5

3. Which number is Six Thousand Four Hundred Thirty(下面哪个数字是六千四百三十)?

    A:640 030.

    B:600 040 030.

    C:643.

    D:6 430.

这样的题目,汉语语境中恐怕很少出现。尤其是最后一题,明明已经说出"Six Thousand Four Hundred Thirty",却还要问指的是哪一个数字,对于汉语儿童来说,简直可以称得上"明知故问"——"六千四百三十"不就是 6 430 吗？

如同 UDSSI 三角模式一样，扩展记数法显然也是仅为英语（以及欧洲国家）所独有的一种现象，因为它的目的就是为了帮助理解位值概念。例如，上述练习的名称就叫做"place value and expanded notation"，可见二者之间的关系，也即：To show the place values of the digits in a number, we can write the number with expanded notation（为了体现一个数目中每个数字的位值，可以用扩展记数法的方式来进行书写）。且以 3 463 352 为例，其中每个数字的位值与数值二者之间的关系就可表示如下（见表5.1）。

表5.1　在 3 463 352 中每个数字的位值与数值二者之间的关系

位值	Millions	Hundred thousands	Ten thousands	Thousands	Hundreds	Tens	Ones
数值	3 000 000	400 000	60 000	3 000	300	50	2

由于汉语（以及建立在古汉语基础之上的日语、朝鲜语）的数词结构与十进制数字结构完全一致，位值概念成为该系统本身的固有成分（inherent element），数词、数字、数量之间的三角关系可谓一清二楚，简直称得上无师自通，不教自会。

与之相反，英语数词命名方式违反了阿拉伯数字结构，尤其是 teen words 的非规则性，妨碍了儿童两位数概念的建构，他们不知道 fifty 的含义就是 five tens，因此很难在数词（fifty）、数字（50）与数量（50 个物体）之间建立起相应的关联，以至于出现将 fifty-three 写成 503 的错误。换言之，正是因为不知道如何用标准式记数法记录数词，才不得不借助于扩展记数法。事实上，前面一节中介绍的"位值卡片"，其作用就相当于扩展记数法，也即：将 4 567 分解成 4 000，500，60，7，然后依次叠加，一步步得到 4 500，4 560，4 567 等数字，以便让儿童明白，4 567 是如何来的。正因为如此，如何将扩展记数法转变为标准记数法，便成为英语儿童一种常见的练习。

然而，这种练习对于英语儿童来说，似乎并不容易。我们这里不再一一介绍完成这种练习中所遇到的种种麻烦，仅举一个例子。一位 11 岁的儿童曾向专家投书请教:如何将 50 000 + 50 + 400 000 + 7 + 3 000 000 + 9 000 + 70 000 000 改写成标准数字。

这样的题目一看就知道纯属刁难人,即故意打乱由大到小的正常排列顺序。故而专家称之为 throw a curve ball(投出一个曲线球),其目的就是有意为难对手,这就有如将 462 读作"六十二四百"。因此,第一步就是将顺序理清——70 000 000 + 3 000 000 + 400 000 + 50 000 + 9 000 + 50 + 7。人们常常批评中国教育,其中之一就是喜欢出偏题难题怪题,但上述例子表明,美国的情况似乎也好不到哪里去。

第四节　英国位值教学

由于英语特殊的数词命名方式,位值概念无法自然形成,学校教育于是也就责无旁贷;然而,多年实践表明,教学效果并不尽如人意。除了方法上的问题以外,不少人认为,应该尽早开始位值概念的教学。例如,Shuard(1985)在《小学数学的今天与明天》一书中就明确指出:当前的课程设置中,位值概念的教学过于迟缓。不过,近年来也有人提出完全相反的观点,即:恰恰正是因为位值概念过于复杂,难以掌握,不如干脆推迟教学。本章就来介绍 Thompson(2000)的一项有关研究:《对英国位值概念教学的重新评估》(Teaching Place Value in the UK:time for a reappraisal?)。

文章首先提醒人们注意一个事实:在数字符号发展过程中,位值概念是一个"迟到者"。例如,Menninger 就曾表示惊讶:既然早在中世纪,位值概念便不但以视觉形式出现于计数板(counting board),而且日常口语中更是不绝于耳,那么,为什么欧洲人却迟迟没有发展出这样一个名称来呢?人类之所以要花这么长的时间来发明这个重要概念,这不就恰恰证明了它的难度之大吗?

作者随后引用了大量事实来对此予以证明。例如,在标有个位、十位、百位的符号板(notation board)上,先将两个方块放在个位栏,然后移到十位栏,问:数值有无改变?结果,两百多名 11 岁的儿童中,仅有 36% 给出正确答案。又如,对于汽车计程表上的一个数字比如 06299,41% 的十岁儿童不知道下一个数字是什么。在一项有关中学数学及科学概念研究的报告中,对 10 000 名 12 岁至 15 岁儿童进行了测试,儿童首先被告之,在数字 5214 中,"2"表示"200",然后问:521 400 中的"2"表示多少? 结果仅仅只有 22% 的 12 岁儿童与 31% 的 14 岁儿童给予了正确答案。可以说,位值是一个非常复杂的概念,许多儿童直到小学毕业也没能真正理解。

作者接着开始分析语言因素对位值概念的影响。众所周知,位值概念的认识涉及两位数,因此,传统教学主张一旦开始学习两位数,便应及时教授位值概念——尽管儿童最初接触的两位数恰恰正是"awkward"teens("笨拙的"teens)。作者由此哀叹:一方面,孩子既要费尽心思来弄明白我们给予数字的这一套令人迷惑的数词系统究竟是什么意思;另一方面,在早期的数学学习之中,又要认识位值这样一个最为复杂的概念,真是太不幸了(It is unfortunate that, just as children are struggling to make sense of the confusing set of names we give to these numbers, they are also introduced to one of the most sophisticated concepts in early mathematics)。

比方说,一个 6 岁孩子,要想识别这种数字系统的模式,就不得不与一件事实苦苦搏斗(wrestle with the fact),即尽管 23 的读法是从左到右(twenty-three),15 却是从右到左(fifteen),即不但要先说 five,而且 five 还要变成"fif-",ten 还要变成"teen"。这还不算,更加复杂的还在于,"1"位于十位数数列,"5"位于个位数数列,这只会让儿童更加糊涂(Putting an additional layer of sophistication on top of this, namely, that the 1 goes in the "Tens" column and the 5 goes in the "Units" column, can only confuse the child even more)。

正是因为英语儿童在位值概念学习中面临如此多的困难,作者于是建议,在正式接触位值概念之前,不妨先让他们掌握一个不那么正规,但却简单得多的概念"量值"(quantity value)。所谓量值,指的是一个多位数数字中,每个数字所代表的实际数量。例如,365 中的

6 代表 60,3 代表 300。

这里有必要指出,对于汉语民族来说,量值与位值其实毫无区别——365 中的 6 不就是代表 60,3 不就是代表 300 吗? 换言之,仅用汉语根本无法说清何谓量值,何谓位值,因此不得不引用原文来予以解释。例如:47 (forty-seven) is partitioned into 40 (forty) and 7 (seven), and not into "4 in the tens column and 7 in the units column" or even "4 tens and 7 units"。

也就是说,对于同一个两位数 forty-seven,如果能够将其分解 (partition) 为"forty and seven",便证明已经掌握量值概念,如果能够进一步再将其分解为"4 tens and 7 units",便证明已经掌握位值概念。

由于汉语中根本不存在 forty 这样的表达方式,"47"只能分解为"40"和"7",因此位值与量值也就毫无区别。相反,英语有两种分解方式,即"forty"与"4 tens",后者当然可以轻易理解为"4 个 10",但对儿童来说,前者却是一个完全不可分割的整体。关于这一点,我们在前面的 UDSSI 三角模式中已经有所介绍。

作者认为,有足够的证据证明,儿童在开始使用标准书写算式 (standard written algorithms) 之前,并不需要掌握位值概念,利用量值便可同样进行两位数的心算 (mental calculation)。

例如,据研究,儿童在对两位数的加减法进行心算时,一般采用两种方式,"分裂法" (split) 与"跳跃法" (jump)。前者如 47 + 36,可化为下列算式:40 + 30 = 70;7 + 6 = 13;70 + 13 = 83;后者如 83 - 47,可化为下列算式:83 - 40 = 43;43 - 7 = 36。

两者的本质均在于"分解" (partitioning),不同的是,分裂法是相加减的两个数都要予以划分,而跳跃法则只划分其中一个数,然后再按顺序将被划分的数与另一个数相加或相减。

表面上看,英语儿童的这种计算方法与汉语儿童并没有什么区别,因此,有必要再次说明,这里所谓的 partitioning,仅仅是指划分为每个数字所代表的具体数量而已 (actual quantities represented by each of the digits）。以 47 + 36 为例，经过这种划分以后，十位数的运算为"forty 加 thirty 等于 seventy"，而不是"four tens 加 three tens 等于 seven tens"，同样，个位数的运算为"seven 加 six 等于 thirteen"，而不是"seven ones 加 six ones 等于 thirteen ones"。换言之，此时的儿童虽然能够准确地计算出 47 + 36 = 83，但他们仍旧不知道"83"中的"8"等于"80"；更确切地说，他们仅仅知道 80 的量值 eighty，但却不知道它的位值 eight tens。与之相反，汉语儿童只要知道 80 等于"八十"，也就同时知道它等于"8 个 10"。由此不难体会两国儿童的本质区别。

除了上述两种方法外，还有两种不太常用的心算法：即"互补法"（complementary addition）与"补偿法"（compensation）。互补法主要用于减法，如 45 - 27，就可以运用下列思路进行计算：27 距 30 为 3，30 距 40 为 10，40 距 45 为 5（27 to 30 (3)；30 to 40 (10)；40 to 45 (5)），再将 3，10，5 三个数字相加，便可得出答案 18。补偿法主要用于尾数为 7,8,9 的数字的加减，比如 45 - 27，就可分解为 45 - 30 = 15 与 15 + 3 = 18。

上面 4 种方法有一个共同点，即都没有涉及位值概念。由此足以证明，即使绕开位值概念，也能顺利进行两位数的加减运算。

不但如此，英国"国家算术策略数学教学框架"（National Numeracy Strategy Framework for Teaching Mathematics）还推荐了两种乘/除心算法："加倍/均分法"（doubling/halving）与"分解法"（partitioning）。后者遵循的原理为分配律，如 a × (b + c) = a × b + a × c，故而可以视为对前者的概括。比如，若要对 36 加倍（doubling 36），便可将其分解为 30 与 6，然后分别加倍，也即将 36 × 2 分解为 30 × 2 + 6 × 2。如果要均分 48（halving 48），便可将其分解为 40 与 8，然后分别予以均分。如果是求 48 的四分之一，则可再次均分。这两种乘除心算法都涉及"分解"（partitioning），因此主要依赖于是否理解"量值"而不是依赖于"位值"（heavily dependent upon an understanding of "quantity value" and not "place value"）。

此外,上述"框架"中还论及"非正规"书面算式,而这也进一步证实了量值的重要性。例如,下面就是四年级学生经常使用的一种名为"大数优先相加"(Adding the most significant digits first)的算式:

$$
\begin{array}{r}
367 \\
+\quad 85 \\
\hline
300 \\
140 \\
12 \\
\hline
452
\end{array}
$$

其基本原理实际上就是前面说过的 partitioning,也即将两个数字都视为数量,然后按照数字大小,从左边(而不是从右边)开始依次相加。例如,首先将"367"分解为"300"与"67",由于"85"没有百位数,无需相加,故而将"300"直接写下来;其次,将"67"分解为"60"与"7",将"85"分解为"80"与"5",十位数相加得"140";然后是个位数"7"与"5"相加得"12";最后再将 3 个数字相加,得"452"。这种方法的最大特点就是无需进位(carrying),而进位正是理解位值概念的关键。

"框架"所推荐的乘法算式倒是与正规方式比较相似,只是计算步骤不同,且看一道四年级的题目:

$$
\begin{array}{r}
23 \\
\times\quad 8 \\
\hline
160 \\
24 \\
\hline
184
\end{array}
\qquad
\begin{array}{l}
20 \times 8 \\
3 \times 8
\end{array}
$$

首先需要说明的是,虽然该计算采用了竖式的形式,但却并不涉及位值,确切地说,23 中的 2,必须视为"twenty"而非"two",也即必须看作 20×8,而不是 2×8。也正是如此,因此事实上根本没有必要采用竖式,完全可以横着写(如右边所示),而列竖式的唯一目的,仅仅是因为五年级要学习两个两位数的相乘,必须用到竖式,因此不妨视为一种准备。

最后来看除法,如 196/6,非正规算式如下:

$$6 \overline{)196}$$

$$\underline{-108} \qquad 30 \times 6$$

$$16$$

$$\underline{12} \qquad 2 \times 6$$

$$\underline{4}$$

答案:30 余 4

除法运算,无论是正规法还是非正规法,都涉及一个重要的基本功即估算(estimation),比如 19/6,要求迅速估算出"3"是最佳选择(三六十八),此外,还涉及加、减、乘知识的熟练使用。因此,对于这种方法来说,量值的理解比位值更加有用(An understanding of quantity value would seem to be more useful than place value for the efficient execution of this method)。

通过以上具体算式的列举,Thompson 认为:对于四年级以下学生而言,位值概念不但非常难以理解,而且事实上无论是心算还是非正规书写计算(mental or informal written calculations)都根本不需要。然而,尽管如此,目前的教学却依然坚持从一年级便开始讲授位值。这样做的结果只能是适得其反(counter-productive),而数学成绩之所以排名靠后,正是过早强调位值教学所致。

简而言之,该项研究的主要观点就是:即使不知道"16"中的"1"表示"10",甚至没有掌握十进制,不懂进位与借位,借助于量值概念也依然能够顺利完成两位数的运算。

在后来的一项研究中,Thompson 又作了进一步发挥,将位值分成量值与列值(column value)。比如任意一个数字 73,如果能够分解为"seventy and three",便意味着掌握了量值;如果能够分解为"seven tens and three units",便意味着掌握了列值。而实验表明,二者的学习无须同步,前者完全可以先于后者进行。为了予以证明,Thompson 特意以荷兰为例。第三次国际数学与科学调查报告表明(Keys et al, 1996),荷兰是欧洲小学数学教育中最为成功的国家,而秘诀之一恰恰就是很少甚至根本不提位值。

文章最后做出结论：几乎所有国家都同意，心算教学应该先于笔算教学，而心算能力若想顺利发展，就必须充分理解"量值"。因此，量值教学应该大大先于正规的位值概念教学。

对此我们显然不能完全接受。如果说，心算先于笔算，也许还能达成"国际一致"（almost universal agreement）的话，那么，量值必须先于位值，甚至量值概念是否真的有必要，就值得商榷了，因为对于东亚国家儿童来说，理解位值概念毫无困难可言。

事实上，作者自己也提到了 Miura 等（1993）的实验，认为与其他语言民族相比，亚洲人能够较好地理解位值概念。这实际上已经等于承认，亚洲国家的位值教学完全可以提前进行——更确切地说，根本用不着进行。我们不妨设想，假如英语不是使用 eleven, twelve, thirteen，而是使用 ten one, ten two, ten three，还用得着这么"量值"、"列值"地绕圈子吗？甚至于，还有必要额外学习位值吗？如果再来回顾 Miller 的话，我们完全可以进一步说，与英语相比，汉语这套文化工具更加有利于位值概念的形成，从而也就更加有利于数学运算能力的发展。

第六章

语言明晰性

　　自然数系统(阿拉伯数字系统)之所以被认为是"所有符号系统中理据性最强的"(严辰松),根本原因就在于利用有限的基本成分来完成无限的组合任务,也即除了 10 个数名以外,其他任何一个数字都必须由基本单位组合而成。这样做的好处不仅充分体现经济原则,而且含义明晰,比如"12"与"21",任何人一看便知其意。

　　汉语与之完全相似,例如,"十一"与"二十一",任何人一听便知其意。

　　英语则与之完全不同(且不说完全相反),基本数名超过 10 个,不但违反经济原则,加大学习难度,而且更重要的是,导致了含义的模糊性。

　　由此可见,基本单位的数量与含义的明晰性之间存在一种反比关系:数量越少,含义便越明晰;数量越多,含义便越模糊。甚至不妨说,明晰性是被"逼"出来的——正因为基本单位数量少,于是只能走合成之路;而基本单位的合成实际上也就是意义的合成,因此合成词的意义也就必然体现于字面上。反之,基本单位越多,合成的机会也就越少,于是意思的表达主要由单个词语来承担,含义自然也就越模糊。这一点只要将 ten one 与 eleven,two ten 与 twenty 作一比较,就不难明白。

　　语言的明晰性并不仅仅体现于数词,本章将进一步讨论数学术语的明晰性问题。

第一节　汉英数学术语对比

　　本节介绍 Han 与 Ginsburg(2001)的一项研究"汉语与英语数学

语言:语言明晰性与数学成绩之间的关系"(Chinese and English mathematics language: The relation between linguistic clarity and mathematics performance)。

研究人员首先从纽约市立中学的数学教材中选出 71 个常用的数学术语,然后将其译成汉语,再分别请母语为英语与汉语的数学教师或者数学教育家充当评委,对每个术语的明晰性打分,认为该词能够明晰表达含义便打 3 分,反之打 1 分,介乎二者之间(moderately clear)则打 2 分。结果如下:

	明晰	不明晰	不太明晰
汉语本族语者	43(61%)	16(23%)	8(11%)
英语本族语者	32(45%)	13(17%)	16(23%)

也就是说,对于某一个术语,其含义是否明晰,汉语本族语者要比英语本族语者更加容易达成一致意见。

当然,这一调查也存在不足之处,例如,让讲汉语的人评价汉语术语的明晰性,让讲英语的人评价英语术语的明晰性,难免因使用习惯偏向等因素而导致评价失真。从某种意义上讲,这就犹如让教师评价自己的学生,让父母评价自己的孩子,由于缺乏相互间的比较,由此得来的数据自然也就缺乏可信性。

该项研究的巧妙之处就在于,将这些术语译成了 Chinglish(中式英语),然后让母语既不是英语也不是汉语的人来对其明晰性打分,由此也就避免了偏袒问题,因为对于不懂汉语的人来说,根本就不会想到这种表达方法与汉语有关,在他们看来,仅仅只是同一个术语的两种不同英语表达方式而已,而他们的任务只是判断,哪一种方式更加明晰(见表 6.1)。

表 6.1　71 个数学术语的 3 种表达方式

英　语	中式英语	汉语
acute angle	sharp angle	锐角
algebra	substitute number	代数

英　语	中式英语	汉语
area	surface accumulation	面积
axiom	universal principle	公理
area	surface accumulation	面积
circle	circle	圆
circumference	circle perimeter	圆周长
coefficient	related number	系数
combination	combination	组合
curve	curve line	曲线
diagonal	opposite angle line	对角线
diameter	diameter	直径
direct ratio	direct compare	正比
divided	divided number	被除数
divisor	dividing number	除数
equilateral triangle	equal-sided triangle	等边三角形
even number	double number	双数
exponent	indication number	指数
factor	basis number	因子
factorial	steps multiple	阶乘
fifth	one of five portions	五分之一
fourth	one of four portions	四分之一
fraction	portion number	分数
function	case number	函数
geometry	jihe	几何
hexagon	six-sided figure	六边形
improper fraction	false fraction	假分数
irrational	unreasonable number	无理数
line	line	线
line segment	line segment	线段
logarithm	corresponding number	对数
mean	evenly dividde number	平均数
median	center number	中数
mixed number	carrying fraction	代分数
mode	frequent number	众数

英　语	中式英语	汉语
multiply	multiply	乘
negative number	negative number	负数
obtuse angle	dull angle	钝角
octagon	eight sided figure	八边形
odd number	single number	单数
ones place	ones place(after decimal one place)	个位
parallel	parallel	平行
parallelogram	parallel four-sided figure	平行四边形
pentagon	five-sided figure	五边形
permutation	arrangenment	排列
perpendicular	perpendicular	垂直
polynomial	many terms form	多项式
positive number	positive number	正数
power	power	幂
prime number	essence number	素数
prism	edged pillar solid	棱柱体
product	accumulation	积
proper fraction	true fracttion	真分数
proportion	proportion	比例
quadrilateral	four-sided figure	四边形
radius	half diameter	半径
ratio	compare value	比率
rational	reasonable number	有理数
ray	arrowline	射线
reciprocal	inverted number	倒数
right angle	straight line	直角
round	4-delete 5-enter	四舍五入
round off	4-delete 5-enter	四舍五入
skew	slanting	斜
squared	find square of number	平方
straight line	straight line	直线
subtract	subtract	减
sum	sum	和

英　语	中式英语	汉语
tenth	one of ten portions	十分之一
times	multiply	倍
trapezoid	ladder-figure	梯形
variable	changing element	变量

注:表中"直角"的 Chinglish 为 straight line,显然为 straight angle 之误。此外,"四分之一"的 Chinglish 为 one of four portion,实际上并不十分准确,因为前者是先说分母,后说分子,而后者却变成了先说分子,后说分母。更为准确的翻译应该是 of four parts, one。

专家分为 3 组。第一组为 13 名汉语本族语者(native Chinese-speaking judges),其中 12 名为纽约市立中学数学教师,分别教授双语中国学生与单语美国学生。每人都获得了(或正在获得)数学教育学士学位,并拥有纽约州教育部门颁发的数学双语教学证书,教学年限从 7 至 25 年不等。另外一位为大学数学及数学教育学教授。

第二组为 21 名英语本族语者(native English-speaking judges),其中 19 名为中学数学或科学教师,每人都获得了(或正在获得)数学教育学士学位,并拥有纽约州教育部门颁发的教学证书。教学年限从 5 至 20 年不等。另外两位为大学数学及数学教育教授。21 人中仅有 3 位略知拉丁语,无人知晓希腊语。

第三组为 24 名讲英语者(English-speaking judges),也即虽然都能讲英语,但不一定是英语本族语者,其中只有 13 名本族语者,另外 11 名的母语分别为汉语、朝鲜语、海地克里奥语(Haitian Creole)、西班牙语、科萨语(Xhosa)、法语等。个人基本情况与上述两组大致相似。24 人中仅有 5 名略知拉丁语,无人知晓希腊语。

测试结果,71 个术语中,认为含义明晰的,Chinglish 为 30 个(42.3%),英语为 4 个(5.6%),认为两者都明晰的为 18 个(25.4%),两者都不明晰的为 14 个(19.7%),还有 5 个因为评委的统一意见达不到半数,无法归类,排除在外。下面一一予以分析。

一、Chinglish 更为明晰

Chinglish 意义更为明晰的术语一共有 30 个（见表 6.2）。

表 6.2　数学术语上意义更为明确的 30 个中式英语单词

英语	中式英语	汉语
area	surface accumulation	面积
axiom	universal principle	公理
circumference	circle perimeter	圆周长
diagonal	opposite angle line	对角线
divided	divided number	被除数
divisor	dividing number	除数
equilateral triangle	equal-sided triangle	等边三角形
fifth	one of five portions	五分之一
fourth	one of four portions	四分之一
hexagon	six-sided figure	六边形
median	center number	中数
mixed number	carrying fraction	代分数
mode	frequent number	众数
octagon	eight-sided figure	八边形
ones place	ones place(after decimal one place)	个位
parallelogram	parallel four-sided figure	平行四边形
pentagon	five-sided figure	五边形
polynomial	many terms form	多项式
product	accumulation	积
quadrilateral	four-sided figure	四边形
ratio	compare value	比率
ray	arrow line	射线
reciprocal	inverted number	倒数
round	four-delete five-enter	四舍五入
round off	four-delete five-enter	四舍五入
skew	slanting	斜
tenth	one of ten portions	十分之一
trapezoid	ladder figure	梯形
variable	changing element	变量

从表中不难看出，Chinglish 之所以明晰，关键就在于采用了合成

词——正如 twelve 之译为 ten two,twenty 之译为 two ten,意义全部体现在字面上。且以"axiom"与"universal principle"为例,前者是一个不折不扣的生词,后者则一看便知其意——尽管可能想不到"公理"这样的专业术语。又如"opposite angle line",由"对面的、角、线"3 个词组成,立刻就能简化为"对角线";反之,试问有多少人认识 diagonal? 且不要说我们这些外国人,就是英语本族语者,在没有学数学之前,恐怕也大多"不知所云"。这就意味着,他们一旦开始学数学,不但要学数学本身,而且首先还要过"语言关"——学习大量数学词汇。

当然,严格说来,英语中不少词若是从词源学的角度而言其实也是合成词,例如 hexagon,源自希腊语,由"hex-"(six)与"gonia"(angle)两个基本成分组成,意为"six-angled figure"。美国国防部所在地 Pentagon,原文其实不过就是 five-angled figure(五角形),中文译为"五角大楼",实际上属于"意译"。再如来自拉丁语的 quadrilateral,也是由"quadri-"(four)与"latus"(side)两部分组成,意为"four-sided figure"(四边形)。也就是说,在原文中,这些词的意义都清清楚楚地体现在字面上(on the face of the word),恰恰类似于汉语的"六角形"、"四边形"。遗憾的是,当代通晓古语者已是寥寥无几,因此,对于不懂希腊语及拉丁语的人来说,合成词实际上已经变成了单体词(单词),意义消失于字面,于是不得不在字里行间(between the lines)寻找。

据 Milligan(1983)等对英语数学教材的分析,数学用语中高达 83% 的词来自希腊或拉丁语。Earp 等(1980)发现,六年级学生能够理解 98.1% 的日常用语,但却只能理解 49.9% 的数学用语。Schwartzman(1994)在 The Words of Mathematics:An Etymological Dictionary of Mathematical Terms Used in English(《数学用语:英语数学术语词源学词典》)一书中,将这些术语称为"由希腊语或拉丁语派生出来的古怪名称"(fancy Greek- or Latin-derived terms),认为正是这些术语对数学学习造成了巨大困难,因为学生一般都不具备古语言的知识,因此,在他们看来,这类词都是没有内在含义、任意为之的音节(merely arbitrary syllables bearing no inherent meaning)。也正是因为如此,故而都被归于"不明晰"之列。

二、英语与 Chinglish 都明晰

英语与 Chinglish 意义都明晰的术语一共有 18 个,如表 6.3 所示。

表 6.3　英语与中式英语都明晰的 18 个数学术语单词

英语	中式英语	汉语
acute angle	sharp angle	锐角
circle	circle	圆
curve	curve line	曲线
diameter	diameter	直径
fraction	portion number	分数
line	line	线
line segment	line segment	线段
mean	evenly divided number	平均数
multiply	multiply	乘
negative number	negative number	负数
parallel	parallel	平行
perpendicular	perpendicular	垂直
positive number	positive number	正数
proper fraction	true fraction	真分数
straight line	straight line	直线
subtract	subtract	减
sum	sum	和
times	multiply	倍

首先需要指出的是,这 18 个词中,有 12 个一模一样,实际上也就失去了比较的意义。不过,我们依然能够从中得到某些启示。且以 negative number 与 positive number 为例,这两个词便足以证明,英语其实并不排斥合成词,那么,为什么不愿意广泛使用呢? 比如 divided,字面意义仅为"被分",而 Chinglish 只不过是在后面加上一

个"number"，但明晰性却顿时倍增，如此举手之劳，又何乐而不为呢？以此类推，Chinglish 中凡是带有"number"者，英语都不妨考虑效仿。

再如"直线"，英语与 Chinglish 都是用的合成词 straight line，非常明晰。不过，Chinglish 除了 straight line 之外，还有 curve line（曲线），而英语的"curve"却是"有曲无线"——为何不能统一，加上一个"line"呢？此外，Chinglish（实际上也就是汉语）不但有 straight line（直线），而且还有 straight angle（直角），再次体现出表达方式的高度统一；相反，英语虽然有 straight line，但却没有 straight angle，而是改为 right angle，不但破坏了表达方式的统一，而且含义不明，甚至容易让人误解为"正确的角"或者"右边的角"。

三、英语与 Chinglish 都不明晰

英语与中式英语都不明晰的术语一共有 14 个，如表 6.4 所示。

表 6.4　英语与 Chinglish 都不明晰的 14 个数学术语单词

英语	中式英语	汉语
Algebra	Substitue mathematics	代数
Combination	Combination	组合
Factorial	Steps multiple	阶乘
Function	Case number	函数
Improper fraction	False fraction	假分数
Irrational	Unreasonable number	无理数
Logarithm	Corresponding number	对数
Permutation	Arrangement	排列
Power	Power	幂
Prime number	Essence number	素数
Prism	Edged pillar solid	棱柱体
Proportion	Proportion	比例
Radius	Half diameter	半径
Rational	Reasonable number	有理数

这 14 个术语虽然都被判为不明晰，但其程度并不完全一致。且

以 irrational 与 unreasonable number 为例,前者字面意义仅为"无理",后者至少让人明白这是一个"数"。同样,对于不懂数学的人来说,无论是英语的"logarithm",还是汉语的"对数",以及 Chinglish 的"corresponding number",都不解其意,但后两者至少包括一个"数"或"number",让人明白"大概"。这就好比"三聚氰胺",尽管绝大多数人都不明白究竟是什么玩意儿,但仅凭"氰"、"胺"二字便知道一定跟"化学"有关,而众所周知,食品一旦与"化学"沾边,通常不会是什么好事——哪怕就是防腐剂。反过来,再看英文名称 Melamine,中国人固然都不认得,但我们也很难相信英语本族语者个个耳熟能详。不仅如此,精通古语者,甚至还有可能上当受骗,因为它的词头 melan 意为"黑",例如 melanin(黑色素)。由此也就难免产生疑问:雪白的奶粉之中怎么可能掺入黑色之物呢? 岂不是无中生有,损害名誉吗? 与 logarithm 相似,英语的 permutation 对英语儿童来说也存在一个"识字"的问题,而汉语的"排列"与 Chinglish 的"arrangement"显然就不存在这样的问题。最大的疑问可以说来自 radius 与 half diameter。前者意义晦暗,这本在情理之中,不难理解,但表6.3中分明已将 diameter 列为明晰之内,那么,加上一个"half",不就是"直径的一半"也即"半径"吗? 怎么突然就变得不明晰了呢? 因此,这一对词应该从表6.4中剔除,加入到表6.2中去。

四、英语更加明晰

英语意义更加明晰的术语一共有4个,如表6.5所示。

表6.5 英语更加明晰的4个数学术语单词

英语	中式英语	汉语
Coefficient	Related number	系数
Factor	Basis number	因子
Geometry	Jihe	几何
Odd number	Single number	单数

首先值得一提的是,英语明晰度超过 Chinglish 的仅仅只有4

个,而 Chinglish 明晰度超过英语的则多达 30 个,如此悬殊的差别,足以表明何者更为明晰。其次,即使就是这寥寥 4 个,我们仍然有必要追问:英语真的比 Chinglish 明晰吗? 比如 related number,字面意义为"有关系的数",的确不易让人明白:与什么有关? 不过,反过来,英语的 coefficient 对中学生来说,难道真的就浅显易懂吗? 该词的词根 efficient 意为"有效",前缀 co 表示"共同",二者合起来,很有可能让人误解为"共同有效"。我们很难想象,一个不懂数学的人,会赋予它"系数"之意。同样,basis number 的确不易让人想到"因子",但 factor 恐怕一般人也只会想到"因素"。至于"jihe",实际上是"几何"的音译,严格说来,根本不能算作 Chinglish,对于不懂汉语的人来说,当然意义晦暗。最后再看 odd number 与 single number。后者之所以被认为不如前者明晰,大概是因为容易让人想到语法中的"单数与复数"。不过,汉语与之相应的是"奇数",因此,这里的 Chinglish 可能存在一个翻译的问题。换言之,即使承认 Chinglish 不如英语明晰,也不能由此判定汉语不如英语明晰。反过来,odd number 是否真的就非常明晰呢? 当然,像 the odd houses 一看就知道是指 1,3,5,7 这类单数门牌号码,但 an odd glove 却是指不成对的手套,也即单独一只,恰恰就相当于语法中的"单数"。对于年幼的中学生来说,这一点恐怕并不容易区别。

五、被排除的 5 个术语

因评委意见不一而被排除的术语一共有 5 个。

direct ratio	direct compare	正比
even number	double number	双数
exponent	indication number	指数
obtuse angle	dull angle	钝角
right angle	straight line	直角

尽管评委的意见难以达成一致,但我们仍然可以对它们的明晰程度略作评判。比如"正比",compare 的含义显然远比 ratio 明显。同样,double 也比 even 更易体现"双"。indication"意为"指示、指

出"，再加上一个 number，实在可以说与"指数"相差无几——至少能让人知道是一个"数"；而 exponent 意为"阐述、说明"，若非专门学习，恐怕很难让人联想到数学上的特殊含义。obtuse 与 dull 相比，后者属于日常用词，自然也就比前者容易。至于最后一个则明显是因为误译所致，换言之，如果改为"straight angle"，则肯定会视为明晰，与"straight line"一并列入表 6.3 中。反之，英语的 right angle 之所以被认为不明晰，显然正是因为"right"不易令人想到"直"。英语既然有 straight line，何不顺势来个 straight angle?

从以上分析可知，Chinglish 的明晰性远远高于英语，而既然 Chinglish 源自汉语，汉语的明晰性自然也就同样远远高于英语。该项调查通过中学数学书面语言表达对比研究，证明汉语语言固有的复合词结构完全适合于表述数学概念(The inherent compound word structure of the Chinese language seems well suited to portray mathematical ideas)。因此，汉语计数系统可以被视为一种强有力的认知工具(The Chinese counting system can be thought of as a powerful cognitive tool)。

第二节　术语明晰性与数学成绩

上述研究除了对比两种语言的明晰性以外，还涉及一个更加重要的问题，即数学术语的明晰性与数学成绩之间是否具有关联?

被试为 82 名纽约市立中学八年级中国学生，其中 46 名男生，36 名女生，年龄为 13～15 岁，在美国境外接受正规教育的时间分别为 0～6 年，在美国境内接受正规教育的时间分别为 13～103 个月，父母均为技术或非技术工人，文化水平为小学至高中，因此均属于低收入家庭。

所有被试根据语言能力分为 3 组：汉语组，英语组，及双语组。

汉语组包括 33 名学生(21 名男生，12 名女生)，由于刚到美国不久(平均时间为 30 个月)，英语很差，在家里全部都是讲汉语，学校中所有的课程都是由讲英语与汉语的双语教师承担，数学课基本上都是用汉语进行。

英语组包括 20 名学生（7 名男生，13 名女生），其中 14 名出生于美国，6 名出生于美国国外，全部说英语，基本上已经不具备汉语的说写能力。所有课程全部由讲英语的单语老师承担。

双语组包括 29 名学生（18 名男生，11 名女生），在美居住时间为 36～108 个月，平均 52 个月，都能讲流利的汉语与英语（但在家里全部讲汉语），课程由单语或双语教师承担。

研究人员首先从上述 71 个数学术语中选出 33 个，其中 27 个被汉语评委判为含义明晰，6 个为不明晰。

汉语评委对 33 个数学术语明晰性评价意见的百分率见表 6.6。

表 6.6　汉语评委选样评分表

意义明晰词	汉语	%
Circumference	圆周长	100
Curve	曲线	92
Diagonal	对角线	85
Equilateral triangle	等边三角形	100
Even number	双数	77
fifth	五分之一	100
Fourth	四分之一	100
Hexagon	六边形	100
Improper fraction	假分数	100
Line segment	线段	100
Mean	平均数	62
Median	中数	62
Mixed number	代分数	77
Multiplied	相乘	85
Ones place	个位	85
Parallel	平行	100
Parallelogram	平行四边形	100
Pentagon	五边形	100
Perpendicular	垂直	77
Proper fraction	真分数	69

意义明晰词	汉语	%
Quadrilateral	四边形	100
Ray	射线	92
Reciprocal	倒数	92
Round	四舍五入	100
Round off	四舍五入	100
Tenth	十分之一	92
Times	倍	77

意义不明晰词	汉语	%
Diameter	直径	46
Factor	因子	69
Power	幂	92
Prime number	素数	69
Radius	半径	38
Squared	平方	85

然后,再用每一个术语编一道数学题目,每题 1 分,满分为 33 分。部分试题如下:

(1) Identify the following geometric figures by filling in the blanks. Figure _____ is an equilateral triangle.

识别下列几何图形并填空。图形_____为等边三角形。

(2) Calculate the circumference of Figure A。

计算图形 A 的周长。

(3) The diameter of the circle in Figure B is _____.

图形 B 中圆的周长为_____。

(4) Write the following sentences in mathematical notation: Five to the fourth power.

用数学公式表达下列句子:5 的 4 次方。

(5) In the following numbers, 2,3,4,5,7,10,11, which are prime numbers?

下列数字 2,3,4,5,7,10,11 中,哪些是素数?

(6) Round off 37.58 to the tenth.

将数字 37.58 四舍五入到十位数。

试卷分为 3 种文字版本:英语、汉语以及英汉双语,分别给 3 组被试使用。测试结果,3 组的平均成绩为:汉语组 24.85,双语组 24.79,英语组 20.90。

尤其值得一提的是,3 组成员在加州数学水平测验中的成绩非常接近(汉语组 32.7,双语组 31.7,英语组 31.5),这就意味着,本试验中所体现出来的差距,与各自的数学能力本身没有什么关系,而主要原因就在于语言表达方式的不同。换言之,同样的题目,相近的水平,仅仅只是语言表达方式的不同,便导致了不同的结果,由此足以证明语言对数学的影响。甚至不妨说,在数学水平大致相当的情况下,实际上是在测试语言水平。英语组之所以成绩最低,原因显然就在于不认识 equilateral,circumference,diameter 这些关键词——连题目都没看懂,又如何解答?

还需要指出的是,英语组虽然都是中国孩子,但他们不是出生于美国,就是在美国长大,英语已经成为母语,汉语已经基本丧失,因此,除了遗传基因,完全可以视为美国人。也就是说,这组成员假如换成地道的美国儿童,情况应该一样,甚至更糟,因为华人子女的学习成绩往往超过本地儿童。

研究者由此得出结论:就明晰词语(clear words)而言,被试成绩的高低与接受教育的地点之间存在密切关系——在美国国内接受教育的时间越长,成绩越差;反之,在美国国外接受教育的时间越长,成绩越好。对此有两种解释,一种认为亚洲的教育水平较高,另一种则归因于语言明晰性假设(linguistic clarity hypothesis),即亚洲教育接受越多,汉语语言能力便越强,数学测验成绩也就越好(The more Asian schooling, the greater the competence in Chinese language, and hence, the higher the performance on the mathematics test)。

上述研究表明,汉语民族对于术语是否明晰往往容易达成一致,反之,英语民族则多属个人行为,不易共享;从教育的角度而言,"共享式明晰性"(shared clarity)显然远比"个人式明晰性"(personal clarity)更加有益。更确切地说,汉语语言的设计比英语更适合于数学教学(It would appear then that the Chinese language is better designed for mathematics instruction than is English)。

作者于是谈到一个(美国)多元文化数学课堂上的语言借鉴问题,尤其是如何根据 Chinglish 来为英语重新发明数学术语,以便有利于学生理解其中所蕴含的数学概念。毕竟,多年以来,英语已经从希腊语引进不少词语,而今天,如果能够围绕汉语来重新设计英语数学语言的话,将受益匪浅(Today it may be profitable to redesign our mathematics language around Chinese)。

尤其值得玩味的是,作者最后以这样一句话作为全文的结尾:几个世纪以后,我们的学生将要说"It's all Chinese to me"(Then, centuries from now, our students will say, "It's all Chinese to me.")

众所周知,该句来自 It is all Greek to me,意为 It's beyond my understanding,大致就相当于"蜀道之难,难于上青天"。之所以要拿希腊语说事,原因就在于希腊语极其难学,远非一般人所能胜任。然而,奇怪的是,一种世界上最难学的语言,为何却偏偏被英语用来表达最基本的数学概念? 这当然是由于历史条件所限,别无选择。那么,现在既然已经知道,汉语如此简单,意义如此明了,何不另辟蹊径,重新选择呢? 尤其是,假如这种引进还不仅仅只是限于以"four-side shape"替代"quadrilateral",甚至不妨考虑以"ten one, ten two"取代"eleven, twelve",则不但得以一举解决术语明晰性的问题,甚至更能大大促进位值概念以及十进制的理解。真要能够这样做的话,未来的数学课堂上,学生必定由衷赞叹:"It's all Chinese to me"。也就是说,作者这里虽然套用了原句,但却将 Greek 换成了 Chinese,因此完全颠倒了原意,即由"实在太难"变为"实在容易"。

长期以来,语言学界有一种观点,即认为汉语是一种模糊语言,用来写诗作赋固然不错,但绝不适合于科学概念的精确表达。余光中说:"用中文来写科学或哲学论文,是否胜任愉快,我不是专家,不能答复。至于用中文来写文学作品,就我个人而言,敢说是绰绰有余。"实际上已经是在对这种观点表示怀疑并予以批驳。

上述研究表明,汉语事实上远比英语更加适合于充当数学语言。而既然数学为科学之根基,我们自然还要进一步追问:汉英两种语言,究竟哪一种更加适合于充当科学语言?

第三节 双语儿童与语言明晰性

对于汉语明晰性问题,也有少数学者提出不同意见,例如Rasmussen 等人(2006)就进行了一项研究:《汉语数词命名系统具有明晰性吗? 来自汉英双语儿童的证据》("Is the Chinese number-naming system transparent? Evidence from Chinese-English bilingual children")。本节将对这一质疑提出反质疑。

Rasmussen 等认为,以前的研究(例如 Miller,1995)之所以会得出"汉语明晰"的结论,一个主要原因(或者说"弊病")就在于实验对象都是讲汉语或英语的本族语者,由此也就难以摆脱文化因素的影响。正因为如此,他们选择了旅居加拿大的汉英双语儿童作为研究对象。由于被试均置身于同样的文化环境之中,因此只需考虑语言的作用。也就是说,在这种相同的文化背景之下,如果计数能力仍然具有明显差异的话,那就可以证明是语言的缘故。换言之,如果汉语儿童优秀的计数能力真的是由于汉语明晰性所致的话,那么,这一点也应该在这些孩子身上体现出来,否则就足以对此表示怀疑。

实验对象为 25 名为 3~5 岁的中国儿童,都能讲英语与广东话。实验方法与"计数系统"一章中所介绍的相同,不予重复。图 6.1 为抽象计数对比情况(其中包括 Miller 等的调查数据),图6.2为实物计数对比情况。

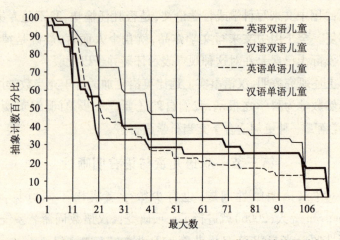

图 6.1　英汉双语儿童与英语单语儿童抽象计数测试结果分析

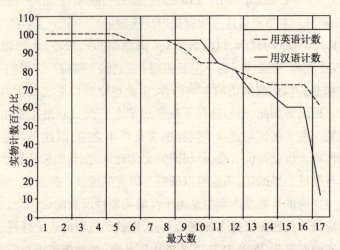

图 6.2　英汉双语儿童与英语单语儿童实物计数测试结果分析

不难看出,无论是抽象计数还是实物计数,两国儿童的表现都非常接近。尤其是抽象计数中的 teen words,双语儿童与英语单语儿童都呈急剧下降趋势,成绩大大低于汉语单语儿童。由此可见,汉语 11 ~ 19 诸数词的明晰性在双语儿童身上并未体现出来。

此外,虽然双语儿童能讲两种语言,但其熟悉程度并不完全一致,有的是英语强过汉语(English-dominant children),有的是汉语强过英语(Chinese-dominant children)。研究者还对这两类儿童进行了调查,结果如下(见图6.3和6.4):

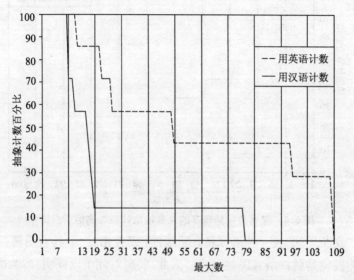

图 6.3　英语为强势语言的儿童抽象计数最高值百分比

数据表明,计数能力主要与语言水平密切相关:英语为强势语言的儿童,英语计数成绩大大高于汉语计数,反之亦然。

根据以上数据分析,作者最终得出结论:汉语数词命名系统的明晰性并未对双语儿童的计数带来优势(For bilingual children, therefore, the transparency of the Chinese number-naming system did not appear an advantage in counting)。

然而,我们的疑问是:能否以双语儿童的调查结果为根据来否定汉语数词命名系统的明晰性?

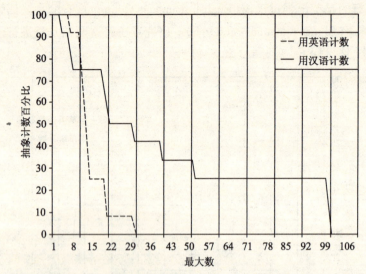

图 6.4　汉语为强势语言的儿童抽象计数最高值百分比

　　众所周知,说一种语言具有明晰性(或者相反,不具有明晰性),显然仅仅是就该语言民族而言。因此,要想对此予以证明,当然也就只能以该语言民族为对象。比方说,假如想要调查汉语数词命名系统的明晰性,实验对象却是美国人、法国人、德国人、西班牙人,试问,能得出什么结果? 于是要问:双语儿童算不算地道的中国人?

　　为了明晰起见,我们不妨举个简单的例子。中国人吃中餐,美国人吃西餐,而在美国长大的中国孩子则很可能中西兼吃,或曰"双口味者"。那么,要想了解两种民族的饮食习惯,显然就只能以地道的中国人和美国人为调查对象。换言之,如果以"双口味者"为样本,就必然得出中国人爱吃西餐以及美国人爱吃中餐的结论。至于中国人讲汉语,美国人讲英语,更是众人皆知的常识,然而,倘若以双语者为调查对象的话,岂不是要得出中国人讲英语以及美国人讲汉语的结论!

　　单语者与双语者是两个完全不同的概念,涉及两类完全不同的人,以 A 为样本所作的实验很难直接用于 B。由此不难看出,Rasmussen 等的研究在方法论上存在一个致命的弊病,也即用双语儿童在计数能力上并不占优势这一点来否认汉语明晰性。这实际上就等于用美籍华人吃西餐来否认中国人以大米为主食,甚至于用美籍华人讲英语来否认中国人讲汉语。

Rasmussen 等还提到一个"知识转换"的问题。例如,用沉浸法(immersion)学会阅读法语之后,就用不着特意学习阅读英语了。这就意味:只要学会阅读,就能从一种语言转换到另一种语言(learning *how* to read transfers from one language to another)。

然而,这样的类推恐怕难以成立。且不说"阅读"与"计数"是不是一回事,至少还需考虑语言之间的"亲缘关系"吧。英语与汉语属于完全不同的语系,其间转换性不说没有,至少也是微乎其微。

文章最后写道:虽然汉语数词命名系统对于汉语单语儿童或许有所帮助,但汉英双语学龄前儿童也许并不能从中获益,因为他们一方面没有足够的机会接触汉语的计数方法,另一方面,学习用英语计数模糊了汉语的明晰性(Whereas the transparency of the Chinese number-naming system may be helpful for Chinese monolingual children, perhaps Chinese-English bilingual preschool children do not benefit either because they do not have sufficient exposure to counting in Chinese or because learning to count in English obscures the transparency of Chinese)。

这句话非常值得回味。首先,它表明,作者最终还是承认了汉语的明晰性,而且不光是汉语数词命名系统,甚至包括汉语本身(transparency of Chinese)。其次,点明了汉语明晰性丧失的两大主要原因,即"没有足够的机会接触汉语的计数方法"以及"学习英语计数"。双语儿童学习英语计数,这当然是顺理成章之事,但是为什么没有足够的机会接触汉语的计数方法呢?原因显然在于父母,也即为了尽快融入"主流",不惜"去汉"——有人甚至夸耀:"我的孩子在家里从不说汉语!"那么试问,像这些没有足够机会接触汉语计数方法的双语儿童,还能算是地道的中国人吗?他们还有资格充当调查样本吗?

一般来说,第一代移民子女,由于家里通常还是以汉语为主,因此尚可称得上熟练的双语者。而等到这批儿童长大成人,结婚生育,则无论是家内家外,均以本地语为主,其子女的汉语自然也就一代不如一代。我们且假定,第 N 代子女已经完全不懂汉语,成为地地道道的美国人,自然也就不可能作对比研究的调查对象了。那么,在第一代与第 N－1 代之间,究竟应该如何进行选择呢?尽管他们都可以号称"双语者",但显然越往后,汉语水平越差,汉语明晰性自然也就越不明显。而这就给实验者留下"可乘之机"——若想证明汉语仍然具备一定的明晰性,对儿童仍然有所助益,就会选择第一代;反之,若想证明汉语根本就不具备明晰性,学也白学,纯属浪费,就会选择第 N－1 代。试问,这种完全由实验者主观愿望决定的"研究"以及"数据"有何信度可言!

简而言之,Rasmussen 等研究的实际上是双语儿童与汉语明晰性之间的关系,因此,如果将标题改为 Is the Chinese number-naming system transparent for Chinese-English bilingual children? Evidence from Chinese-English bilingual children(《汉语数词命名系统对汉英双语儿童而言意义明晰吗? 来自汉英双语儿童的证据》),以此论证汉语明晰性是如何在双语儿童身上一步步丧失的,那就堪称题文相符,完美无缺了。

Rasmussen 等的研究虽然没有达到否定汉语明晰性这一目的,或者更确切地说,实际上反而是从另一个角度证明了汉语的确具有明晰性,不过,对于我们的英语学习,尤其是"儿童英语"却足以起到一个警示作用,即过度学习英语,极有可能伤害数学能力!

美国约翰·霍普金斯大学有一项数学早慧生研究(Study of Mathematically Precocious Youth),对象为 SAT 中数学成绩超过 700 分的 13 岁以下学生。其中亚裔之多,大大超出他们在总人数中的比例(女生中甚至一半具有亚洲血统)。对其家庭背景进行调查发现,这些数学早慧者不是出生在亚洲就是移民的后代。该项报告的题目为:"数学思维极佳的年轻人:亚裔美国人的家庭背景"("Family backgrounds of young Asian Americans who reason extremely well mathematically") (Moore & Stanley, 1986)。遗憾的是,这一数学优势在第三、第四代移民身上却完全体现不出来了。Miura 等(1989)认为,文化融入(acculturation)势必伴随学校教育模式与社会生活方式的改变,而文化融入导致的最大变化,莫过于语言的更换。亚裔后代数学能力的退化,很有可能是由于母语的丢失所造成的(the loss of the native Asian language, especially the numerical language, might also contribute to the deterioration in mathematics performance)

如果说,海外移民为了尽快融入主流社会而常常不得不忍痛做出某些牺牲的话,那么,在完全没有这种社会压力的情况下,我们是否仍然应该心甘情愿甚至义无反顾地付出如此沉重的代价呢?

幸运的是,对于国内儿童来说,并不需要勉为其难地在这二者之间进行选择,实际情况是,一方面既学了英语,同时又没丢下数学。然而,恐怕极少有人想到,之所以会有这种"两全其美",恰恰应该"感谢"英语教学效果的低下!打个比方,有钱人可以将子女送进所谓"全封闭"的贵族学校,甚至干脆直接"放洋"。这样做的后果是什么,上述 Rasmussen 等人的研究已经给出明确答案。

当然,我们不能由此得出简单结论:英语越好,数学越差。关键在于儿童期间一定要把汉语学好。例如,成年以后出国的,不管在海外呆多久,甚至终身不再回归故里,汉语都不会丧失,自然也就不会导致数学能力的退化。危险的是他们的下一代,下二代——更不用说下 N 代。这也就意味着,要想继续维持汉语的明晰性,继续维持"超常"的数学能力,就不能让他们成为双语儿童,就必须为他们保持一个"纯净"的、不受英语"污染"的汉语语言环境。然而,遗憾的是,对于海外移民来说,这样的语言环境只能是一种"奢望"。当然,有钱人也不妨效法国内,将子女送进只讲汉语的"贵族学校"——假如海外真有这种学校的话。

在强大的英语语境中,汉语学习势必受到严重阻碍;反过来,在强大的汉语语境中,英语学习同样也很难顺利进行,或者,更确切地说,根本不可能培养出什么"双语儿童"。所谓"娃娃英语","幼儿英语",其实不过是反映了父母们一种"闲着也是闲着"、"不学白不学"的心态,但却很少有人想到,实际结果往往是"学了也白学"——上了中学甚至大学还得——从头再来,更不用说大大减少了汉语学习时间,导致汉语水平的大幅度下降。我国的英语教学,实际上打的是一场久攻不下、弃之不舍的"消耗战"——长达十几年的投入,真正能够"修成正果",派上用场的,据专家估计,恐怕不到百分之五,绝大多数人仅仅只是空有一纸证书而已。对于这种低效率的重复劳动实在有必要进行认真反思。

最后还需指出的是,因母语丧失而导致数学能力下降这种现象并不具有普遍性,这里显然存在一个必要前提,即语言本身必须具备明晰性。换言之,对于"晦暗语言"(opaque language)来说,无论外语学习的时间有多早,也无论最终达到的水平有多高,对数学能力都不会产生丝毫影响。这就意味着,仅仅只是在"明晰语言"与"晦暗语言"之间,才会引发"数学问题"。

通过 Rasmussen 等的研究,我们得知,在英语环境中长大的汉语儿童难免丧失语言明晰性,从而导致数学能力的下降,那么反过来,在汉语环境中长大的英语儿童,是否会获得语言明晰性,从而促进数学能力的提升呢？由于条件所限,笔者无法从事这样的实验,不能提供答案,但不妨来看一个间接的例子。

加洲成绩评估项目(California Assessment Program)1979—1980年度资料显示,三年级与六年级学生的数学成绩因所持语言不同而在分布百分数(percentile)的排名上呈现出巨大差异:讲英语的分别为第 54 位和 57 位,而除了英语还会汉语的,则高至 99 和 96 位,操英日双语的也高达 97 和 94 位。与此形成鲜明对照的是,操英语和西班牙语的,其排位仅为 16 和 14。

前面已知,英语的明晰性虽然不如汉语与日语,但却高于西班牙语,比如"五百",西班牙语就不是 five hundred,而是一个完全陌生的单词。我们不妨想象,西班牙语移民的第 N 代后裔,如同汉语移民的第 N 代后裔一样,早将母语丢得精光,成为地地道道的美国人,其数学成绩当然也就应该与美国人无异,即前者的排名由第 16 位和 14 位升至第 54 位和 57 位;后者则从第 99 位和第 96 位降至第 54 位和 57 位。既然所有的非认知因素完全相同(比方说,家长为 N − 1 代移民后裔,实际上也早已成为本地人了),那么,西班牙语儿童的上升与汉语儿童的下降,除了归结于语言明晰性的上升与下降以外,还能找到其它原因吗?

第四节　分数对比研究

通过前面的介绍我们已知,对于数学术语表达,Chinglish 远比英语明晰。本节将通过分数对此予以更进一步的分析。

不同的语言,对于分数的理解往往产生不同的影响。如图 6.5 所示,要求学生在数轴上标注 3/5 的位置时,英汉两种语言儿童所犯的错误便大不相同。Kerslake(1986)发现,13 岁的英语儿童中,35% 的将 3/5 标注在 3.5 的位置,如 A 所示;而 Yang(1987)则发现,11,12,13,14 岁的汉语儿童中分别有 16%,8%,9%,6% 的将 3/5 标注在 $5\frac{3}{5}$ 或 $5\frac{3}{10}$ 的位置,如图中 B 所示。

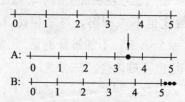

图 6.5　中美儿童在数轴上标注分数位置时所犯错误示意图

Yang 还进一步对被试作了询问:

"分子 3 从何而来?"

"将 5 至 6 之间分为 5 份,然后取其中 3 份。"

"为什么选在 5 至 6 之间,而不选在 1 与 2 之间呢?"

"是你叫我标注 3/5 呀。它的分母是 5,我当然就选在 5 以后了。"

也就是说,两国儿童都犯了同样的错误,将分数当成了带分数 (mixed number)。Yang 认为,由此产生两个问题:

第一,为什么会将分数误解为带分数?

第二,为什么对于同一个分数 $\frac{3}{5}$,英语儿童会误解为 $3\frac{3}{5}$,而汉语儿童却误解为 $5\frac{3}{5}$ 或 $5\frac{3}{10}$?

第一个问题无疑比第二个问题重要得多,因为涉及对于分数本质的理解,而后者只是其中的一个具体例子而已。遗憾的是,作者对前者没有给出答案,而只是说,仍需教育家们进一步调查研究。

第二个问题则显然与语言有密切关系。汉语的 3/5 读作"五分之三",也即先说分母后说分子;英语读作"three fifths",也即先说分子后说分母。因此,虽然两国儿童都将纯分数误解为带分数,但性质却完全不同,即都是把先出现的数字当成了带分数中的整数。

不过,除了上述这种普遍性的误解以外,汉语在其他方面的明晰性远远强于英语。以 1/3 为例,汉语读作"三分之一",意思非常明确,也即把一件东西分成三份,取其中一份。尤其是,如果把"分"读成"份",即"三份中的一份",意思就更加明确了。以此类推,即使是1/6,3/4,5/8 等复杂分数式也不难理解。与之相比,1/3 英语读作"one third",字面意思为"一个第三",不加解释的话,儿童很难明白——且不说误解。仅凭直觉,也不难体会,"三分之一"应该远比"one third"明晰——更不用说"八分之七"与"seven eighths"(七个第八)等等了。

我们不妨再来回顾概论中介绍过的一个例子:

A stamp collecting club has 24 members. Five-sixths of the members collect only foreign stamps. How many collect only foreign stamps?

某集邮俱乐部有 24 位成员。其中 5/6 的人只集外国邮票。有多少人只集外国邮票?

中美五年级学生的解题正确率分别为58.8%与8.9%。之所以会出现如此巨大的差异,笔者估计,除了不会列算式以及计算错误以外,恐怕还有一个重要原因,即许多美国学生连题目都没有看懂——不明白 five-sixths 的含义。

美国二年级的教材中,对 1/3 作了这样的解释:

$$\frac{1}{3} \quad \text{of the equal parts}$$

显然是想通过这样的方式表示,分母的意思是"相等的部分",分子的意思是"其中之一"。然而,七、八岁的孩子能否明白,实在值得怀疑。事实上,这种"理论阐述"的效果恐怕远远不及实物示范,比如当场将一个苹果一切为三,更为通俗易懂。

本章介绍两项研究,一项认为不同的语言表达方式对分数的理解与学习给予不同的影响,一项则对此提出质疑。我们将重点讨论后者,或者说,就是要通过对质疑的再质疑,以最终证明,语言表征方式对分数的理解的确起着极其重要的作用。

第一项研究为 Miura 等人(1999)所作,试验对象为美国、朝鲜、克罗地亚3国一年级与二年级学生。数据来自3个不同的时间段,即一年级中期,包括107名朝鲜儿童(最终按每4名抽取一名的方法选出27人),20名美国儿童,26名克罗地亚儿童;一年级期末,包括27名克罗地亚儿童,28名朝鲜儿童,29名美国儿童;二年级初期,包括76名朝鲜儿童(最终按每3名抽取1名的方法选出33人),20名美国儿童与25名克罗地亚儿童。

克罗地亚语的表达方式与英语相似,如 one third,属于"不明晰";朝鲜语为 sam bun ui il,大致可以译为"of three parts, one",故而与汉语一样,属于"明晰"。由于朝鲜语明确表达出部分—整体关系,或者说,分子与分母的概念清楚体现于表达分数的数学术语之中(the concept of fractional parts is embedded in the mathematics terms used for fractions),研究人员由此预测,朝鲜儿童识别分数的能力应该高于美国与克罗地亚儿童。

Miura 等首先对 3 国的一年级与二年级数学教材进行了分析,发现虽然对分数都有简略介绍,但课堂上均未正式教授,因此,尽管日常生活中儿童经常听到 one half, one third 之类的说法,但可以断定,他们并不具备明晰的分数概念,或者更确切地说,完全不明白何谓"分数"。

试验采用卷面测试的方式,试卷的上方印有 4 个分数式子以及各自的语言表达方式,例如:1/2 = one half; 1/3 = one third; 1/4 = one fourth; 1/5 = one fifth 等。题目部分由 8 个分数式子组成,如:1/3, 2/3, 2/4, 3/4, 2/5, 3/5, 4/5,每个分数式后面附有 4 个图形,如图 6.6 所示。

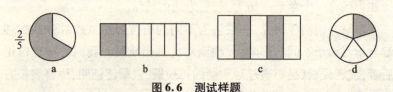

图 6.6   测试样题

测试中,老师首先告诉学生,这些数学式子叫做分数,分别读作 one half, one third 等。然后再将题目中的分数念一遍,要求学生从后面的 4 个图形中选择与其相应的 1 个。一般来说,由于阴影部分比较特殊,或者说更加醒目,因此,尽管没有刻意指点,对于比较简单的分数如 1/2,1/3,1/4,1/5 等,儿童大多自动将阴影部分选为分子,将非阴影部分选为分母。测试成绩如表 6.7 所示。

表 6.7   不同国家和年级儿童数学成绩的平均值和标准差

年　级	国　家		
	克罗地亚	朝　鲜	美　国
一年级中期			
人数	26	27	20
平均成绩	0.38	1.74	1.65
标准差	0.94	2.88	1.81
一年级末期			

年 级	国 家		
	克罗地亚	朝 鲜	美 国
人数	27	28	30
平均成绩	1.70	3.29	1.17
标准差	1.62	3.25	1.64
二年级初期			
人数	25	33	20
平均成绩	1.44	7.73	1.20
标准差	1.96	0.52	2.12

从表 6.7 不难看出,朝鲜儿童的得分均远远高于其他两国儿童。例如,一年级中期时,3 国的平均值(M)分别为 0.38,1.74,1.65。如果说,朝美两国儿童的区别还不是十分明显的话,那么,到了一年级末,差距便开始逐渐拉大(1.70,3.29,1.17),而到了二年级初期,则简直可以称得上"天壤之别"了(1.44,7.73,1.20)。也就是说,8 道题目中,朝鲜儿童平均答对 7.73 个——接近满分,而其他两国儿童竟然还不到两个。假如以百分制计算的话,朝鲜儿童的平均分为 96 分,克罗地亚儿童为 18 分,美国儿童为 15 分。这样的差距简直令人难以置信。

尤其值得注意的是标准差(SD)。一年级中期时,分别为 0.94,2.88,1.81,朝鲜数值最大,说明成绩不一,高低悬殊。例如,有 15% 的儿童 8 道题目全部答对,但平均成绩却只有 1.74,说明还有许多儿童得分很低,甚至有可能为零分。而到了二年级初期,标准差徒然降至 0.52,证明整体水平普遍大大提高。事实确实如此,例如,得满分的升至 76%,错误最多的也不超过两题。与之相应,美国儿童中仅有 1 名全部答对,克罗地亚儿童仍然一个没有。

(注:标准差(Standard Deviation),亦称均方差(mean square error),为各数据偏离平均数的距离的平均数,是离均差平方和平均后的方根,用 σ 表示。标准差是方差的算术平方根。标准差能反映一个数据集的离散程度。平均数相同的,标准差未必相同。例如,

A,B 两组各有 6 位学生参加同一次测验,A 组的分数为 95,85,75,65,55,45,B 组的分数为 73,72,71,69,68,67。两组的平均数都是 70,但 A 组的标准差为 18.71 分,B 组的标准差为 2.37 分,说明 A 组学生之间的差距要比 B 组学生之间的差距大得多。换言之,标准差越大,相互之间的差距越是悬殊,反之,标准差越小,水平越是相互接近。)

众所周知,对于四选一的客观题,答对的概率为 25%,也就是说,即使一份卷子中所有题目都不会,但只要选定其中一项比如 B,从头至尾一路勾下去,也能得 25 分左右。反之,如果一份试卷的总分仅为 25 分的话,便可以断定,考生基本上是在"瞎蒙",也即 perform at chance(成绩若在 25 分以上,则为 perform above chance)。严格地说,这种靠"机遇"(chance)得来的 25 分,实际上与零分没有什么区别。

由于该测试一共有 8 道题目,因此机遇分为 2。然而,克、美两国儿童的平均成绩,最低仅为 0.38,最高也不过 1.70,连"瞎蒙"都不如,因此基本上可以认为一题未答。

Miura 等最后的结论是,该项研究证实了先前的猜测,即东亚语言的表达方式有利于分数概念的理解,东亚儿童优秀的分数识别能力主要得益于分数名称的明晰性。

通过对试卷进行分析,还可以就错误的类型总结出一些规律来。以 2/5 为例,被试如果主要关注分子,往往就会选择 a(也即阴影部分的数目为 2);反之,如果仅仅关注分母,便有可能选择 d(也即将阴影与非阴影部分相加,数目正好为 5);然而,如果同时关注分子与分母,则很有可能选择 b(也即分子与分母相加之和恰好等于阴影部分与非阴影部分相加之和)。尤其值得注意的是最后这种错误。据统计,一年级中期时,79% 的克罗地亚儿童,78% 的美国儿童,以及 93% 的朝鲜儿童的识别错误都是属于这种类型;到了一年级末,相应的数据为 75%、86%、95%。也即朝鲜儿童这类错误率大大高于其他儿童。

Miura 认为,像"一半"(one half)或"三分之一"(one third)这种简单的分数表达式,日常生活中十分常见,儿童很早便已熟悉。如果他们能够再进一步将这种表达式与具体实物联系起来,就能顺利理解更加复杂的分数表达式,关键就在于语言能否对这种联系提供支持。而朝鲜语正是如此,因为分数所包含的部分——整体关系就是该语言表达式的一个内在的固有成分(The part – whole relation is an integral part of the linguistic term),也即只要理解了基本分数比如1/4,就能轻而易举地推广到复杂分数如 3/4、5/8 等。因此,尽管一年级的成绩不理想,绝大多数都选择了 b,但到二年级时,这种错误便迅速获得纠正,因此成绩得以大幅度提高。与之相反,英语与克罗地亚语都不能提供这种语言支持,故而两国儿童一年级与二年级的成绩没有什么区别。

不过,也正是由于这种类型的错误,引起了 Paik 等(2003)的质疑与反驳,下面就来对他们的研究予以介绍并作评论。

由于 b 这类错误是误将分子(numerator)与(denominator)分母直接相加所造成的,Paik 等因此特地为其取了一个名称:N + D foil(注:foil 作动词用,有"失败"之意,短语 run the foil 意为"使迷惑"。因此,所谓 N + D foil,不妨译作"分子 + 分母陷阱")。

他们由此提出几点疑问:如果说朝鲜语有助于理解分数的话,那么,为什么朝鲜儿童也如美国儿童一样,不能识破 N + D foil 呢? 既然两国儿童都犯了同一种错误,那就足以证明,美国儿童成绩差,原因仅仅只是对于某一种特殊表达方式产生误解,与语言无关。换言之,只要去掉 N + D foil,成绩便都能获得提高。

其次,朝鲜与美国儿童在分数识别测试中成绩的差异,究竟是不是语言引起的,其中有没有非语言因素? 比如,学习时间的长短,家长及社会的期待,等等。

最后,如果认为朝鲜语分数名称对于分数的理解真的有所助益的话,那么就有必要弄清,究竟体现于什么地方? 朝鲜语与英语的分数名称至少有两点不同,足以对分数的学习产生影响。第一,"等分"(equal parts)概念的明晰程度。朝鲜语远胜于英语,例如,"of four parts, one"就直接涉及部分的概念;第二,分子与分母的先后次序。朝鲜语先说分母(of four parts),后说分子(one),而英语的 one fourth 则完全相反,先说分子,后说分母。然而,从认知的角度而言,更有利的方式应该是先知道一个物体分为多少份,然后再关注所占分数的多少。要想让儿童更加容易地理解分数,最好是先让他们注意一个物体分为多少份(the overall number of parts),然后再关注取其中的几份(a specific subset of parts)。

Paik 等为之作了两项实验。

第一项实验的对象为 102 名朝鲜与美国一年级及二年级学生,实验材料与 Miura 等大致相似,不再重复,唯一的区别是,被试分为两组,分别为"with N + D foil"与"without N + D foil"。测试结果如图 6.7 所示。

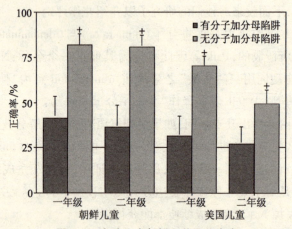

图 6.7　实验 1 中朝鲜和美国儿童在
"with N + D foil"与"without N + D foil"情况下的平均得分

与 Miura 等的研究相比,立刻发现一个重大差别,即朝鲜二年级学生的成绩并不比一年级高,事实上,对于 with N + D foil 组,成绩反而有所下降。

对此,Paik 等首先排除了样本偏差(sampling bias)的因素,即两国儿童都是选自中产阶级家庭,尤其是,朝鲜的教育系统高度统一,教材完全一样,因此,无论样本取自什么地区,水平应该大致相当。于是他们怀疑 Miura 等的操作方式存在问题,比如,数据的采集完全交由任课教师自己完成,这样,在评判学生的分数识别能力时,就难以保证客观性。此外,Miura 等的测试是以全班为对象,这就给监管带来难度,也即难以确保,学生是否都是独立完成。与之不同,Paik 等的实验数据都是由自己采集,而且实验采取的是 5 ~ 10 人的小组制,因而能够确保数据的有效性。

Paik 等虽然对 Miura 等的研究提出质疑,然而,教师到底有无"袒护",学生到底有无"作弊",实际上并没有拿出真凭实据,这也就意味着,朝鲜二年级学生的成绩究竟是高于还是低于一年级,在没有更多调查研究的情况下,很难说哪个的数据更加可靠。遗憾的是,Paik 等却根据自己的调查作出了最后定论,这显然有待商榷。

至于说,为什么二年级成绩反而不如一年级,Paik 等认为,这是因为二年级学生接触了更多整数加减运算的缘故所造成的,事实上,这种"反年龄效应"(reverse age effects)现象并不罕见,例如,在学习乘法时,往往会暂时影响加法运算。也就是说,学习一种新的数学概念有时会对有关的已知概念带来干扰。

其次,为什么 N + D foil 容易导致误解? Paik 等认为,原因在于,学会计数以及整数运算以后,便难免用整数概念来解释分数,也即把分子与分母误解为相互之间没有关联的整数。打个比方,就有如分别计数一个班级中男生与女生的人数,自然无需考虑各自在总数中所占的比例。换言之,如果儿童使用一种不涉及部分—整体关系的计数策略,那么,就很有可能为 N + D foil 所骗。

Paik 等还对成绩超过机遇分的儿童进行了专门分析,如表 6.8。

其中的标准基线(criterion)为 63%,或者说,8 题答对 5 题,成绩为 63 分。例如,朝鲜一年级学生的无分子—分母陷阱组中,基线达到了 85%,表明绝大多数儿童答对 5 个以上,括号中的数字表示该组学生中成绩接近满分的比率。

表 6.8　实验 1 中超过机遇分的百分比

朝鲜儿童			
一年级		二年级	
无分子—分母陷阱	有分子—分母陷阱	无分子—分母陷阱	有分子—分母陷阱
85(55)	40(83)	77(70)	33(50)

美国儿童			
一年级		二年级	
无分子—分母陷阱	有分子—分母陷阱	无分子—分母陷阱	有分子—分母陷阱
83(10)	33(50)	83(0)	17(50)

说明:本表所采用的标准正确率为 65%($P < .05$);括号中的数字代表该组中达到最高分的儿童百分比。

从表中不难看出,就无分子—分母陷阱而言,朝美两国儿童的成绩非常接近,一年级为 85 与 83,二年级甚至颠倒过来,77 与 83;这也就意味着,朝鲜儿童平均成绩之所以远远高于美国儿童,主要是前者接近满分的大大超过后者(55 与 10)。

从第一项实验,Paik 等最终得出结论,尽管从整体上说,朝鲜儿童的分数识别能力强于美国儿童,但这并不一定就是语言因素的缘故。一个明显的例子就是 N + D foil,也即两国儿童的成绩均未超过机遇分。而一旦去除 N + D foil,美国儿童的成绩便明显提高,这就足以证明,他们之前所犯的错误主要是因为某种特定的误解造成的,而并不是因为缺乏对分数的一般理解能力(a general inability to grasp fractions)。因此可以认为,两国儿童的差距主要是由非语言因素造成的,比如接触时间长短,家长重视程度高低等。这也就意味着,要想真正考察语言的作用,就必须将其他文化因素统统排除,而这显然是不可能的,因为即使是七、八岁的孩子,本民族文化也早已浸透在骨肉之中,根本无法去除。为此,Paik 等设计了第二项实验,即全部采用美国儿童作为测试对象,但测试材料有所不同,即有的儿童使用英语固有的表达法,有的则使用"朝式英语",也即将朝鲜语译为英语。他们的思路是,如果说,朝鲜儿童优秀的分数识别能力可以归因于语言明晰性的话,那么,将这种明晰的表达方式引进英语,则美国儿童的识别能力也应该有所提高

也就是说,如果将英语的表达式如"one fourth"换成朝鲜语"of four parts, one",美国儿童的成绩有所提高的话,便可以证明分数识别能力的高低的确与语言表达方式有关。反之,如果成绩依旧,便证明朝鲜儿童的优秀成绩与语言无关,而主要得益于非认知因素。

试验对象为 99 名美国一至二年级儿童,试验材料与第一项相似,唯一不同之处在于,所有试卷中都包含有 N + D foil 项目。

所有儿童随机分为 4 个小组,每个小组的语言表达方式(wording conditions)都有所不同,其中两个小组为"明晰"(explicit),例如 of four parts, one 与 one of four parts,另外两个小组为"非明晰"(not explicit),例如 four-one 与 one-four。而每一个小组又根据分子与分母先后顺序排列的不同,进一步分为"分母—分子"与"分子—分母"两种类型。此外,再加上英语本身的标准表达方式("one fourth")作为控制组(control condition),一共有 5 种情况,如表 6.9所示。

表 6.9　实验 2 中分子分母 5 种表达方式对比

部分与整体的关系 (Ideal of part-whole relations)	先分母后分子 (Denominator→Numerator)	先分子后分母 (Numerator→Denominator)
明晰(Explicit)	of four parts, one	one of four parts
非明晰(Not explicit)	four-one	one-four
控制条件(Control condition)	one fourth	

测试结果如图 6.8 所示:

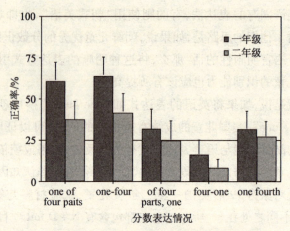

图 6.8　实验 2 中美国儿童对分数表达的平均得分

首先,我们一眼便能看出,明晰组(第一、第二组)的成绩明显高于非明晰组(第三、四组)与英语组(第五组),由此可见,对于美国儿童来说,"of four parts, one"与"one of four parts"的含义的确远比"one fourth"等清晰,这不是恰恰证明了 Paik 等所要反驳的观点吗?此外,英语组的成绩高于非明晰组,说明还有比英语更加"不透明"的表达方式,英语没有选择 four-one 与 one-four,实在堪称幸事,否则还要更加模糊,更加难学。

从图中还可以看出,不但明晰组的成绩远远高于非明晰组,而且"分母—分子"(of four parts, one)组的成绩高于"分子—分母"组(one of four parts),说明先整体后部分的表达方式更加符合人类的认知规律。

与实验 1 一样,实验 2 也对成绩超过机遇分的儿童进行了专门的分析,见表 6.10,具体情况不再分析。

表 6.10 实验 3 中超过机遇分的百分比

一年级				
One of four parts	Of four parts, one	One-four	Four-one	One fourth(Exp. 1)
57(75)	67(50)	25(67)	15(50)	31(50)
二年级				
One of four parts 33(50)	Of four parts, one 42(20)	One-four 25(67)	Four-one 18(0)	One fourth(Exp. 1) 17(50)

说明:本表所采用的标准正确率为 63%;括号的数字代表该组中达到最高分的儿童百分比。

第二项实验的主要优点在于,测试对象全部为美国儿童,因此完全可以排除由不同文化所带来的差异,与 Miura 等的研究相比,无疑更加客观。Paik 等认为,该项研究的发现之所以特别重要,就因为在独立于其他文化差异的情况下,揭示了分数命名语言的作用(the effects of fraction-naming language),换言之,正是由于部分—整体关系的明晰性,从而导致了朝鲜儿童在分数识别测试中的优异成绩(It is the explicitness of the part-whole relations in particular that might lead to Korean children's superior performance on the fraction-identification task)。

尤其值得注意的是,该结论中用的是"might lead to",因为他们紧接着立即又来了一个"但是"——如果以上解释正确的话,则有一件事实在令人匪夷所思,即美国儿童在第二项实验中所取得的成绩居然超过了第一项实验中的朝鲜儿童! 要知道,对于"of four parts, one"与"one of four parts"这样的说法,美国儿童都是第一次遇见,而朝鲜儿童则在日常生活中早已熟悉本国语言的分数表达法,人们不免要问:后者的成绩怎么反而不如前者呢?

通过详细分析,Paik 等发现了一个重大原因,即"Of X parts, Y"这种表达方式其实并不是对朝鲜语的准确翻译。确切地说,parts 为英语的常用词语,因此,儿童早在学习"equal parts"的概念之前,便已经完全掌握 parts 的意思。与之相反,朝鲜语中与 parts 相应的词为 boon,是从汉语引进来的,日常生活中并不使用,一直要到学习分数时才首次接触。而在这之前,当涉及部分概念时,通常用的是一个非正规的词 jo-gak。因此,如果真要忠实地传达朝鲜语原意的话,比如 1/4,英语就应该译为"Of four morceaux, one"。这也就意味着,朝鲜语的分数表达方式,其实并不像人们所想象的那样"透明",同时也解释了,为什么一年级学生的成绩会如此之差,原因就在于他们以前从未听说过 boon,这就正如英语儿童从未遇见过 morceaux 一样。同样,Paik 等的实验中,朝鲜二年级学生成绩之所以不升反降,除去"反年龄效应"以外,恐怕还与语言有关,即仍然在与 boon 苦苦纠缠。而 Miura 等的实验中,朝鲜二年级成绩大幅度飚升,则显然意味着 boon 已经成为"熟词"。两种结论,孰是孰非,恐怕还有待进一步调查。当然,Paik 等也承认,朝鲜儿童一旦熟悉了 boon,分数的含义就会变得透明,也即类似于美国儿童理解"Of X parts, Y"。换言之,朝鲜语在分数表达上体现优越性,仅仅只是一个时间问题,即使二年级还看不出来,最迟恐怕也不会超过三年级。

最让我们中国人感兴趣的是,Paik 等还特意提到,如果再进一步探讨东亚其他国家如中国与日本如何表达分数,将会十分有趣。由于日本与朝鲜的分数名称均源自中国,因此,表示 parts 的词在汉语中如果是日常用词的话,那么,正规分数名称的含义对中国儿童来说就应该一目了然。而这一点对日本儿童来说则绝无可能,因为,与朝鲜儿童一样,他们都必须通过正规教育才能明白该术语的含义(It also would be interesting to see how children from other East Asian countries, such as Japan and China, perform on this fraction-identification task. Both Japanese and Korean fraction names are derived from Chinese. Formal fraction names may be immediately transparent for Chinese children if the word used for parts is in their everyday vocabularies. However, this should not be the case for Japanese children, who, like Korean children, would only know this term from formal schooling)。

请注意，原文说到中国儿童时，用的是"may be immediately transparent for Chinese children if……"，而事实上，汉语中相应于 parts 的"分"，正是一个地地道道、妇孺皆知的日常用词（字），因此，Paik 等根本无需绕弯子借用"if"来进行猜测，完全可以毫不迟疑地得出结论：正规分数名称对于中国儿童来说堪称一目了然（Formal fraction names are immediately transparent for Chinese children）。

如果说，由于用词的缘故，低年级朝鲜与日本儿童对于分数的理解与美国儿童相差不大，那么，中国儿童又如何呢？可惜笔者尚未见到有关研究。不过，根据以上分析，我们完全有理由推断，既然汉语的"分"为日常用语，那么，中国儿童与美国儿童之间的差距肯定很早便体现出来了。

Paik 等在结论中写道，以往的研究都是将亚洲儿童数学成绩优于美国儿童归因于语言，而他们的研究表明，至少在分数这个特例上，并非如此。这一点显然并不符合事实。更确切地说，应该仅仅只是在 N + D foil 这一个特殊情况上。他们甚至说，具有讽刺意味的是，该项目研究的目的本来是为了弄清为什么美国儿童理解分数会如此困难，但最终却发现，原因其实并不在于"跨国之异"而在于令人惊讶的"跨国之同"（it is ironic that the answer seems to come not from cross-national differences but from a striking cross-national similarity），也即朝美两国儿童都未能识破 N + D foil。这就更是夸大其辞了——仅仅只是 N + D foil 这么一个极其特殊的例子，怎么可能代表 cross-national similarity 呢！

Paik 等的研究主要是借助 N + D foil 来质疑 Miura 等的研究，而我们则提出再质疑，第一，仅凭这样一个事例能否推翻后者的全部结论？第二，Paik 等也承认，朝鲜儿童成绩之所以先低后高，原因主要就在于对"boon"一词的先陌生后熟悉，这岂不恰恰证明了语言的作用吗？第三，也是最重要的，讲汉语的中国儿童不存在语言理解的问题，那么，直接拿中美儿童进行对比，又会是怎样的结果呢？可惜笔者尚未见到有关研究，希望行家予以补充。

第七章

朝英数词对比研究

跨文化数学研究中,通常是将汉语、日语、朝鲜语作为一个整体,与英语(以及其他语言)进行对比。然而,若是对这 3 种语言进行仔细分析的话,发现它们其实并不完全一致。首先来看发音:

汉语: yi　er　san　si　wu　liu　　qi　　ba　　jiu　shi

日语: ichi　ni　san　shi go　roku　shichi hachi　kyu　juu

朝鲜语:il　　ee　sam　sah oh　yook　chil　pal　　goo shib

不难看出,只有汉语为严格的一字一音,其他两种语言均有不少为一词双音,也就是说,发音时间均长于汉语。我们前面已知,日语由于数词读音时间较长,因此数字跨度相对较小。以此推论,朝鲜语的数字跨度也应该小于汉语。

其次,就数词系统本身而言,虽然一般认为亚洲语言都是以古汉语为基础(rooted in ancient Chinese),其数词名称与传统的十进制数词系统保持一致(numerical names are congruent with the traditional Base-10 numeration system),但朝鲜语并非完全如此。本章首先介绍朝鲜语数词系统,然后介绍两项有关朝鲜语与英语的对比研究。

第一节　朝鲜语数词系统

朝鲜语的数词分为固有数词与汉字数词两套系统,如表 7.1 所示。

表 7.1 朝鲜语数词系统

类　别	固有数词		汉字数词	
	하나(一)	스물(二十)	일 (1)	이십(20)
	둘(二)	서른(三十)	이 (2)	삼십(30)
	셋(三)	마흔(四十)	삼 (3)	사십(40)
	넷(四)	쉰(五十)	사 (4)	오십(50)
确	다섯(五)	예순(六十)	오 (5)	육십(60)
	여섯(六)	일흔(七十)	육 (6)	칠십(70)
	일곱(七)	여든(八十)	칠 (7)	팔십(80)
	여덟(八)	아흔(九十)	팔 (8)	구십(90)
量　　数	아홉(九)		구 (9)	백(百)
	열(十)		십 (10)	천(千)
	열하다(十一)		십일 (11)	만(万)
	열둘(十二)		십이 (12)	억(亿)
	……		……	조(兆)
数				……
	한둘(一二)		일이(一二)	
	두셋(二二)		이삼(二三)	
	두서넛(二三四)		삼사(三四)	
词	서너(三四)		사오(四五)	
	서너덧/서너댓(三五)		오륙(五六)	
	너덧/너더댓(四五)		육칠(六七)	
约	대여섯/댓(五六)		칠팔(七八)	
	예닐곱(六七)		팔구(八九)	
	일여덟(七八)		십여(十几)	
	엳아홉(八九)		이십여(二十几)	
数	열한둘(十一二)		……	
	열두셋(十二三)			
	여남은(十几)			
	스무나문(二十几)			
	몇(几)			
	여러(几)			
	……			

注：历史上固有数词曾经有过百位以上的数字，即："온(백)"、"즈믄
(천)"、"골(만)"、"잘(억)"、"울(조)"，然而现在已经不用，百位以
上只用汉字量数词。

　　首先来看右边的汉字数词。与汉语一样，1 到 10 也是由 10 个
不同的"字"来表示。尤其值得注意的是，它的십(10)不但是一个基
本单位，同时也是一个使用单位，可以直接拿来构词，如십일(11)就
是"10"与"1"的直接组合，이십(20)就是"2"与"10"的直接组合。
换言之，朝鲜语的汉字数词结构与汉语以及阿拉伯数字系统完全

一样。

　　再看左边的固有数词,立刻发现明显不同,首先,不但"字数"大多有所增加(如 1,5,6,7,8,9 均为"双字词"),而且更重要的是,열(10)的构词功能仅限于 11 到 19 之内,一旦超过,如 20,30,40 等整数,则不再是 two ten, three ten, four ten 的相互组合,而是一个个全新的单词。这样的组词结构甚至还不如英语,因为英语的 twenty, thirty, forty 虽然也不包括 ten,但至少其前缀 twen-, thir-, for-还依稀可见 two, three, four 的原形,而朝鲜语的스물(20)既不包括둘(2)也不包括열(10)。

　　顾名思义,所谓固有数词也即源自本土(native Korean system),汉字数词则是源自汉语(based on the Chinese system)。前者称为"非正规系统"(informal system),用来表示百位以内的数,主要供学龄前儿童用于计数物体;后者称为"正规系统"(formal system),除了百位以内的数,还可表示零以及百位以上的数,主要用于数学运算。

　　所谓 formal 与 informal,且不论这样的称呼是否含有褒贬之意,但仅凭直觉,我们也不难想象,前者由于类似于阿拉伯数字系统,因此学起来肯定要比后者容易得多,至于用途就更不用说了。

　　序数词同样也有固有数词与汉字数词之分,前者的难度显然更是大大超过后者,如表 7.2 所示。

　　我们前面已知,由于英语的 ten 没有赋值,不能像 10 一样作为构词单位,因此,英语儿童很难形成位值概念,掌握十进制。在这一点上,朝鲜语固有数字与英语十分相像,即"10"虽然参与 20 以内的构词,但不参与整数的构词,人们自然要问,使用这种系统的学龄前朝鲜儿童,其位值概念会不会受到影响? 他们的数学成绩是否依然远远高于美国儿童? 下面就来一一予以回答。

表 7.2　朝鲜语序数词两套系统

类 别		固有数词	汉字数词
序数词	定数	첫째/첫번째(第一)	제일(第一)
		둘째/두번째(第二)	제이(第二)
		셋째/세번째(第三)	제삼(第三)
		넷째/네번째(第四)	제사(第四)
		다섯째/다섯번째(第五)	제오(第五)
		여섯째/여섯번째(第六)	제육(第六)
		일곱째/일곱번째(第七)	제칠(第七)
		여덟째/여덟번째(第八)	제팔(第八)
		아홉째/아홉번째(第九)	제구(第九)
		열째/열번째(第十)	제십(第十)
		열한째/열한번째(第十一)	제십일(第十一)
		열두째/열두번째(第十二)	제십이(第十二)……
		스무째/스무번째(第二十)	제이십(第二十)
		서른째/서른번째(第三十)	제삼십(第三十)
		마흔째/마흔번째(第四十)	제사십(第四十)
		쉰째/쉰번째(第五十)	제오십(第五十)
		예순째/예순번째(第六十)	제육십(第六十)
		일흔째/일흔번째(第七十)	제칠십(第七十)
		여든째/여든번째(第八十)	제팔십(第八十)
		아흔째/아흔번째(第九十)	제구십(第九十)
			제백(第一百)
			제천(第一千)
			제만(第一万)
			제억(第一亿)
			제조(第一兆)……
	约数	한두째/한두번째(第一二)	제일이(第一二)
		두어째/두어번째(第二三)	제이삼(第二三)
		두세째/두세번째(第二三)	제삼사(第三四)
		두서너째/두서너번째(第二三四)	제사오(第四五)
		서너째/서너번째(第三四)	제오륙(第五六)
		대여섯째/대여섯번째(第五六)	제육칠(第六七)
		여남은째/여남은번째(第十几)	제칠팔(第七八)
		몇째/몇번째(第几)	제팔구(第八九)
		여러째/여러번째(第几)	제십여(第十几)
			제이십여(第二十几)……

注：①百位以上的序数词只有汉字数词，没有固有数词。
　　②汉字序数词在与表示单位的依存名词搭配时，前缀"제"可以省略。例
　　　如：제9과(第九课)→9과，제2권(第二卷)→2권，제1반(第一班)→1반

第二节　正规与非正规数学思维

本节介绍 Song 与 Ginsburg 的一项研究:《朝鲜与美国儿童非正

规与正规数学思维发展》("The Development of Informal and Formal Mathematical Thinking in Korean and U. S. Children")。

所谓"非正规数学",主要指不包含书写符号的数字行为,例如口头比较两个数字的大小,用计数的方法进行简单的加、减运算等等;"正规数学"则是指由学校教授的书写符号数学(written symbolic mathematics)。该项研究的一个主要目的,就是要弄清朝鲜儿童出色的数学成绩是否与早期的非正规数学思维有关。

实验对象为 315 名朝鲜儿童与 538 名美国儿童,年龄分别为 4, 5,6,7,8 岁。实验材料为"早期数学能力测试"(Test of Early Mathematics Ability,TEAM),一共有 50 项内容,其中 23 项涉及非正规数学,27 项涉及正规数学。非正规项目分为 3 种技能:(1) 数字相对大小概念,包括口头识别数字的大小,说出任意两个数字之间的距离等;(2) 计数能力,包括按正常次序(以及相反顺序)数数,以及实物计数能力;(3) 计算能力,包括实物的加法,心算加减法等。正规项目涉及 4 项内容:(1) 常规知识,包括数字读写基本技能;(2) 数字事实,如口头回答简单加、减、乘法的运算结果;(3) 计算能力,如书面加、减法的运算以及使用策略;(4) 十进制概念,如识别各种货币单位,以及多位数的加减法。表 7.3 为平均成绩。

从平均年龄(all ages)一栏不难看出,除了 IRM(informal relative magnitude,非正规相对数字大小)一项,朝鲜儿童的得分普遍高于美国儿童。然而,若是进一步将年龄段分为 4~6 岁与 7~8 岁两部分,便不难看出另一种结果,即 4~6 岁时朝鲜儿童的得分普遍低于美国儿童,7~8 岁时相反,朝鲜儿童普遍高于美国儿童。这也就是说,朝鲜儿童超过美国儿童,主要是从进入学校、接受正规教育以后才开始的。尤其值得一提的是,美国儿童在 7~8 岁这一年龄段,正规数学成绩仿佛进入了一个所谓的"高原期"(plateau),即学习停滞不前,甚至有所后退。曲线图上一般体现为水平线。

表 7.3 朝鲜和美国儿童数学成绩测试平均成绩对比

题型	最高分值	文化	年龄					平均年龄
			4	5	6	7	8	
正规项目								
总体正规项目	27	朝鲜	1.34	2.51	8.10	20.83	24.72	11.05
		美国	1.41	3.12	10.16	15.83	15.51	7.53
正规传统项目（FCV）	6	朝鲜	1.03	1.85	3.67	5.22	5.97	3.45
		美国	1.32	2.22	4.29	5.06	5.02	3.15
正规数字事实（FNF）	9	朝鲜	0.25	0.46	2.48	7.57	8.73	3.73
		美国	0.08	0.68	3.76	5.69	5.49	2.54
正规计数（FCAL）	7	朝鲜	0.00	0.04	0.97	5.82	6.80	2.60
		美国	0.00	0.04	1.46	3.31	3.36	1.20
正规10进制概念（FBT）	5	朝鲜	0.06	0.16	0.98	2.23	3.22	1.27
		美国	0.01	0.07	0.85	1.77	1.63	0.65
非正规项目								
总体非正规项目	23	朝鲜	4.34	7.24	14.95	20.27	21.98	13.38
		美国	7.34	11.45	16.41	18.49	18.33	13.31
非正规相对数字大小（IRM）	4	朝鲜	0.81	1.35	2.53	3.35	3.77	2.30
		美国	1.50	2.20	2.97	3.34	3.36	2.49
非正规计数（IC）	14	朝鲜	2.85	4.88	10.43	13.17	13.82	8.91
		美国	4.58	7.60	11.31	12.43	12.32	8.79
非正规计算（ICAL）	5	朝鲜	0.76	1.19	2.13	3.75	4.40	2.38
		美国	1.30	1.66	2.17	2.69	2.69	1.94

简言之,4～5岁期间,美国儿童的非正规数学能力大大超过朝鲜儿童,这就意味着,与美国儿童相比,朝鲜儿童在早期的数学思维能力上并不占有先机(head start)。6岁时,两国儿童的差距开始逐步缩小,7～8岁时则完全颠倒过来。这种变化关系从图7.1中可以看得更加清楚,即4～5岁时,A(美国)均大大超过K(朝鲜),6岁时,两者的差距逐渐缩小,7～8岁时,情况开始发生逆转,无论是正规还是非正规,朝鲜儿童的成绩均超过美国儿童。

表7.4为"机械记忆"(rote items)与"原则和处理"(principle and process items)两个项目正确率的对比情况。从中不难看出,朝鲜儿童的得分都比美国儿童高,尤其是 Calculation:written subtraction(书面减法运算)一项,两者的正确率分别为31.43与3.30——差距竟然高达10倍。

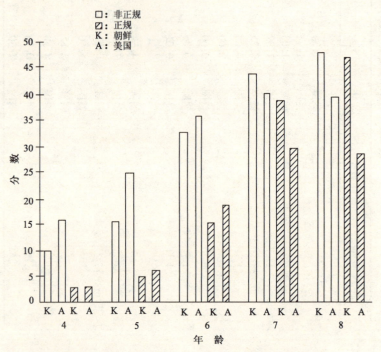

图7.1　朝美儿童4～8岁正规和非正规数学能力对比

表7.4 "机械记忆"与"原则和处理"两个项目正确率的对比情况分析

项目名称	项目数量	朝鲜	美国
机械记忆项目:			
常规:数字阅读	10	80.95	79.65
	14	75.56	68.52
	23	46.67	39.30
	38	24.44	17.74
常规:写数字	11	72.38	72.17
	24	44.76	34.09
数字事实:加法	22	46.98	41.39
	25	43.49	32.00
	30	36.19	28.00
	39	33.97	14.43
数字事实:减法	20	56.83	52.70
	29	35.56	30.43
	34	43.17	22.43
数字事实:乘法	32	44.13	18.26
	48	32.70	8.87
运用规则项目:			
计算:公式法	33	40.00	21.39
	37	41.59	22.56
计算:书面加法	28	44.76	33.57
	40	34.29	16.87
	41	35.24	17.57
计算:书面减法	47	31.43	3.30
	49	32.38	3.65
10 进制:			
100 中的十位数	26	53.33	25.39
1000 中的百位数	31	51.11	21.39
10 的倍数加法	35	32.38	17.74
10 的倍数减法	42	28.25	10.43
最小和最大值	44	13.33	9.74

那么,4~5 岁时,朝鲜儿童的非正规数学成绩为什么会大大低

于美国儿童呢？作者认为有如下 3 个原因。

首先，朝鲜父母与学龄前儿童的交往方式以情感型为主，而不是智力型（emotionally rather than intellectually oriented）。由于大多数朝鲜父母认为教育主要是学校的任务，因此自己较少提供智力方面的刺激行为，这一点在数学领域中特别明显，例如，朝鲜儿童很少有机会对玩具、钞票以及各种实物进行计数，或者比较数字的大小。在传统的朝鲜社会中，过早与钱打交道（比如数钱）是一件很不体面的事。由于在家庭中这类活动得不到鼓励，因此，儿童的非正规数学能力较差。

第二，学习两套计数系统对非正规数学能力带来干扰，增加认知负担甚至导致认知混乱（produce a temporary cognitive overload or confusion），从而加大了计数、大小比较以及心算的难度，因此，只有少数儿童能够顺利完成。这一点与中国儿童相比，形成鲜明对照。不过，一旦掌握了两套数词系统，便会变得极其有效，因此在 5～6 岁时可以获得快速发展，7 岁时几乎达到"最大发展"（maximum development），而且特别有利于数学学习。也正是在这一阶段，开始大大超过美国儿童。

第三，朝鲜的学前教育效率低下，因此延误了早期数学能力的获得。参加学前教育的人数不但少（28%），而且主要限于上层家庭。此外，学习内容也主要是数字与字母，很少涉及智力方面的刺激，由此推迟了非正规数学思维的发展。

作者最后总结了朝美两国儿童成败得失的原因。他们再次强调，朝鲜儿童数学成绩优于美国儿童，并不是由于非正规数学占有"先机"。换言之，学校学习成绩的好坏并不以学龄前学习成绩的好坏为前提，因此，学前教育并不成为后期学校教育能否成功的"关键期"（critical period）。

那么，朝鲜儿童的学校表现为何会如此优秀呢？作者的回答是：第一，朝鲜的数学教学时间多于美国；第二，朝鲜学生更加尊重以及服从老师，而这一点对提高学习效果大为有利；第三，朝鲜教师专业教学知识更加丰富,此外,教育部门还提供大量职业培训机会,鼓励教师提高业务水平;第四,朝鲜的课程设置由教育部统一制定,这对提高平均水平比较有利——当然也有可能阻碍某些天才学生的发展;第五,朝鲜父母非常看重孩子的在校成绩,认为考上好大学便预示着人生的成功;最后,朝鲜中产阶级以上的家庭花费更多时间帮助孩子完成家庭作业,尤其是数学作业。

该项研究的结果与以往的类似研究不同,也可以说,与人们的普遍看法不同,即朝鲜学龄前儿童的数学成绩其实远远不如美国儿童,他们的数学优势要到 7 岁以后才逐步体现出来。与之相反,中国与日本儿童则是从一开始便遥遥领先于美国儿童。作者由此提出一个十分有趣而且也令人深思的问题:朝鲜儿童是否落后于日本与中国台湾儿童(Are the Korean children slower than the Japanese and Taiwanese)?可惜他们没有给出明确回答,只是说这是由于不同的研究人员使用了不同的测验项目,因此有待更加精确的比较研究。

笔者以为,这恰恰与数字认知表征方式有关,即朝鲜儿童入学前后使用的是两种完全不同的数词系统。该项研究抓住了一个极其本质性的问题,原本可以得出一个虽然十分简单、但却非常有说服力的结论,遗憾的是,他们却放弃了这一条思路。尤其值得一提的是,文章一开头便指出,以往的研究主要注重于教学行为以及文化价值等,很少涉及认知因素,而他们的研究目的就是要以此为根据来调查为什么亚洲儿童(尤其是朝鲜儿童)的数学成绩高于美国儿童,人们自然也就期待见到更多有关这方面的研究。但可惜的是,与其他研究一样,作者最终还是回到了非认知因素的"老路"上,而没有深入探讨,两套计数系统究竟是如何加重认知负担甚至造成认知混乱的。

简言之,如果我们暂时抛开所有非认知因素,那么,完全可以得出一个极其明晰的推论,即东亚儿童数学成绩之所以优于美国儿童,原因就在于数词系统的规律性;而朝鲜学龄前儿童之所以数学成绩不如美国儿童,上学后之所以能够反超,原因恰恰就在于这两个时期使用的是两套完全不同的数词系统。换言之,只是在放弃非正规数词系统,采用与阿拉伯数字完全一致的正规数词系统之后,朝鲜儿童才开始体现出优越的数学成绩。我们不妨想象,假如英语也效仿朝鲜语,采用两套数词系统,学龄前用 teen words,上学后改为 ten-and-one words,岂不就能取得同样的效果?

尤其值得注意的是,作者在谈到两套计数系统会加重认知负担时,特意加上了 temporary(暂时)一词,这也就意味着,儿童只要开始接受正规教育,尤其是成人之后,不再使用非正规数词系统,便有望大大减轻认知负担。人们难免要问:假如朝鲜语只用一套数词系统,难道不是更好吗?

这就有必要讨论作者的另一种观点,即认为一旦掌握这种双重计数系统,将会变得极其有效(Once mastered, the dual counting system may be extremely effective)。然而,汉语与日语都只有一套计数系统,那么,照此而论,朝鲜儿童的数学成绩不但大大超过美国儿童,而且岂不是也应该大大超过中国与日本儿童?再以"27 种身体部位计数系统"为例,试问,该语言民族一旦学了英语,掌握了另一套计数系统,是否也会 extremely effective?

该项研究的第一作者为 native speaker of Korean,因此,得出这样的结论或许难免带有民族情感的因素,情有可原。不过,作为"局外人",我们恐怕很难接受这样的观点。众所周知,欧洲许多语言具有性范畴,连桌椅板凳、笔墨纸砚都要区别阴阳,那么,掌握这样一套范畴系统,是否也会 extremely effective,从而更加有利于认知发展呢?

第三节　多位数加减运算

本节介绍 Fuson 与 Youngshim Kwon 的研究"Korean Children's Understanding of Multidigit Addition and Subtraction"(朝鲜儿童对多位数加减运算的理解)

由于汉语与朝鲜语一样,都是以十进制为基础,因此,这里对朝鲜语所作的论述也完全适应于汉语,不再额外提及。

上一节的表 7.4 显示出美国儿童在书面减法运算方面与朝鲜儿

童的巨大差距(31.43 与 3.30),可惜没有给出具体题目,因此不知道美国儿童究竟差到什么程度。

美国儿童在计算需要进位及借位的算术题时倍感困难,原因就在于缺乏位值概念。例如,全国教育进程评估(National Assessment of Educational Progress)发现,三年级学生中,一半以上不知道百位数的含义,一半以上的学生不会做需要借位的三位数减法,尤其是被减数为整数的题目,如 300 − 46。即使能够解答,大多数也只是遵循一种"机械程序"(rote procedure),并不理解该计算程序的确切含义,或者说,不知道它们与英语数词以及用书写符号表示的数量之间的关系。Davis 等(1980)对几所学校三年级及四年级中数学成绩较好的学生进行调查,发现没有一个人能够正确解答 7 002 − 25 这样的题目。

作者认为,美国的教学存在不少问题,很容易诱使学生对多位数数字产生一种链条式单个数字(concatenated single-digit)的错误概念,也即以为一个多位数字就是几个一位数字的简单排列(a multidigit number is viewed as several single-digit numbers placed beside each other),因此,5 386 中的 3 常常就被看作是"3",而不被看作"300",15 中的"1"也没有看作"10"。调查中发现,美国三年级一半以上学生都不知道借位的意义,也即不知道写在十位数列以及百位数列上的"1"分别代表"10"与"100",而仍然看作"1"。对那些正确解答出减法题目的二年级与三年级学生进行调查,发现其中居然只有24%的人知道从百位数借来的数值是 100 而不是 1。由此不禁令人猜想,这些题目他们究竟是怎么算出来的。

作者指出,对于需要借位与进位的多位数加减法运算能力,虽然朝鲜儿童大大高于美国儿童,不过,对于他们的解答程序以及对于十进制的理解究竟有多深,人们并不十分了解,也即不知道究竟是源于对位值的理解,还是如同美国儿童一样,仅仅只是遵循一种机械方式(rote way)而已。不过,作者马上又指出,对语言结构的分析足以让人相信,朝鲜儿童对位值概念的理解应该胜过美国儿童。因为英语的两位数词看不出十位数与个位数的组合关系,而朝鲜用于学校计算的正规数词系统为规则性的赋值汉语数词,可以清楚体现出这种组合关系(the formal Korean number words used in school for calculations are the regular named-value Chinese words in which this composition is evident)。

尤其请注意,作者这里特意提到 the formal Korean number words,这就再清楚不过地表明,只有借助正规数词系统才能顺利获得位值概念,从而大大提高数学能力。也就是说,朝鲜学龄前儿童之所以不如美国儿童,原因正是在于他们使用的是非正规数词系统。换言之,假如朝鲜语只有一套非正规数词系统,那么,即使所有其他非认知因素都保持不变,朝鲜儿童进入小学后,数学成绩能否反超美国儿童,恐怕值得怀疑。

该项研究的一个主要目的在于,通过多位数的加减运算,调查朝鲜二年级与三年级学生对位值概念的了解情况。由于二年级仅仅学过两位数的计算,因此,通过三位数加减题目的运算,便可以知道,他们是否有能力对两位数的计算程序进行概括,并将其运用于三位数的计算。

实验对象为 72 名二年级至三年级朝鲜学生,首先要求他们演算两道需要进位的两位数加法题目(27 + 57 与 54 + 19),以及两道需要进位的三位数加法题目(284 + 681 与 571 + 293),然后给予两道十位数与百位数都需要借位的减法题目。最后再给予几道演算好的题目,要求他们判断是否正确,如图 7.2 所示。

$$
\begin{array}{c}
\overset{1}{}\ 38 \\
+36 \\
\hline
64 \\
(a)
\end{array}
\qquad
\begin{array}{c}
\overset{1}{}\ 46 \\
+46 \\
\hline
92 \\
(b)
\end{array}
\qquad
\begin{array}{c}
\overset{1}{}\ 482 \\
+283 \\
\hline
765 \\
(c)
\end{array}
$$

$$
\begin{array}{c}
64 \\
-27 \\
\hline
43 \\
(d)
\end{array}
\qquad
\begin{array}{c}
\overset{8\ \ 10}{9\ 2} \\
-\ 5\ 6 \\
\hline
36 \\
(e)
\end{array}
\qquad
\begin{array}{c}
\overset{3\ \ 10}{400} \\
-165 \\
\hline
265 \\
(f)
\end{array}
$$

图 7.2 朝鲜儿童加减法计算示例

其中(b)、(c)、(e)解答正确,无需多说,其余3题均为美国学生演算中的常见错误。(a)为所谓的"消失1"("vanishing the 1"),即虽然个位数相加之和超过10,但十位数却没有进位。(d)为"大减小"之误,即不管两个数字的上下位置,总是拿大数减小数。(f)的问题最严重,即不知道从百位数借来的"1"应该为100,而仅仅当作了10(十位数上的0-6=6也可视为"大减小"所致)。

实验人员首先告诉被试,这些题目都是别的小朋友解答的,你们来评判,答案对不对。如果他们不回答,则指着某个表示借位的"1"问:"这是多少?"如果仍然不回答,则让其选择:"这是1,还是10,100,1 000?"

测试结果发现,尽管二年级学生没有学过三位数运算,但其计算与学过三位数运算的三年级学生没有什么区别。在个别面试中,所有的学生都能正确指出第二位列上的数为十位数;所有三年级以及绝大多数二年级学生都知道第三位列上的数为百位数。也就是说,朝鲜二年级与三年级学生对这两个数位所掌握的知识要远远多于美国三年级学生。

如何理解三位数以上加减运算的进位问题。有两种完全不同的方法。一种是不考虑"单位",即不管是8+8,还是80+80,800+800,8 000 000+8 000 000,一律答为"16",也就是说,不管后面有多少个零,始终把它们视为个位数与十位数之间的进位关系,从而大大简化了运算程序,即只要计算具体数字部分,然后在得数后面加上相应的零即可。这种思维方式的好处就在于可以暂时不去考虑位值,比如百,千,万甚至百万、千万。朝鲜儿童之所以能够做到这一点,关键就在于朝鲜语任何一个两位数的读法都可体现出十位数与个位数的结合,例如16就读作"ten six"。

第二种方法则是每次运算都把相应的单位带进去,以800+800为例,其思路为:800加800等于1 600,因此,我将600写在百位数列上,再将1 000写在千位数列上(eight hundred plus eight hundred is one thousand six hundred so I write six hundred in the hundreds column and write the thousand over there in the thousands column）。

前者称为 regular one/ten trades，所谓 regular，指的是不管具体数值，统统视为个位数与十数位之间的关系，也即前后两个数值总是相差十倍。后者则称为 multiunit quantities conceptual structure，所谓 multiunit，指的是个位（unit）以上的各种数位，如十、百、千等，也即每次计算，都要把该数位所代表的数量明确表示出来，如 800 + 800，8 000 + 8 000 等。两相相比，前者显然更具概括性，更加实用。

对于赋值系统而言，一个多位数中的数值词（value words）不仅仅只是数词（names），同时也代表数量（quantities）。例如，"四千八百五十三"可以理解为包含"4 个千"、"8 个百"、"5 个十"、"3 个一"（"four thousand eight hundred five ten three" is understood to consists of four of the special thousand multiunits, eight of the special hundred multiunits, five of the special ten multiunits, and three single units）。由于每一个数值都得到了明晰的赋值，朝鲜儿童很容易将这些被赋值的数值与它们的数列位置相互联系起来（to relate these named values to their column positions），因此也就可以从容使用 regular one/ten trades。

与之相反，由于英语的 ten 没有赋值，所以在 10 这个特殊的数位上，英语儿童无法将数词与相应的数量联系起来。例如，他们只知道 50 是 fifty，却不明白其含义就是 five of the special ten multiunits，也即 five tens。正是由于不知道 50 就是 5 个十，于是也就无法形成十进制，难以掌握进位与借位原则，从而进一步影响了高数位的加减运算，因此，每次计算都要将相应的单位带进去，如 800 + 800 = 1 600。

作者认为，朝鲜儿童的多位数运算可以从语言与教学两方面得到支持。例如，朝鲜语中的 11 ~ 19，其命名方式极其明确地表示出两个数字之间是一种相加的关系，例如"十五"就是"1 个十"加上"5 个一"。因此，对于任何一个数位的加减，都可以简化为个位数的加减，而只要两数之和超过 9，便等于是在发出需要进位的暗号（single-digit sums over nine in any column are already given in a form that cues trading)。以 11 为例,汉语读作"十一",明明白白地告之,个位数的数值为 1,而既然个位数上最大的数为 9,一旦超过,当然就要进位了。与之相反,英语读作"eleven",字面上毫无意义,自然也就不可能具备提示作用。此外,教学中对"整数法"的介绍,如将 8 + 5 变为 8 + 2 + 3,14 - 6 变为 10 - 6 + 4,更是进一步强调了 10 的重要性。

遗憾的是,美国儿童不但不能像朝鲜儿童那样得到语言与教学两方面的支持,而且美国的数学教材甚至还对数字意义的理解造成阻碍(U. S. mathematics textbooks even present obstacles to meaningful learning),而正是这些阻碍使得两种语言的多位数运算变成了完全不同的认知任务。例如,儿童花费太多时间演算无需进位的题目,结果反而促使他们对多位数形成了链条式单个数字概念。尤其值得注意的是,作者认为,儿童如果没有机会演算三位数或四位数的题目,就无法得到英语百位数和千位数规则性赋值的帮助(they cannot use the support of the regular named English hundreds and thousands)。那么,为什么不说"得到十位数的帮助"(the support of the regular named English tens)呢?原因很简单,英语的 tens 没有赋值。三位数比如 123 读作 one hundred and twenty three,可以清楚地分离出"hundred",但因为不说 two ten three 从而无法分离出"ten",这也就意味着,英语儿童只有"百"与"千"的概念,却没有"十"的概念,甚至不妨说,他们具有"百进制"与"千进制"概念,却没有"十进制"概念。问题在于,不懂得"逢十进一",又何来"逢百进一"?

汉语的 10 由于获得赋值,因此汉语儿童清楚知道,"一十"后面是"二十",与之相反,英语的 10 没有赋值,英语儿童也就不可能知道 one ten 后面是 two ten。作者之所以建议提早三位数及四位数的演算,无非是希望早日引进 hundred 与 thousand 的概念,也即通过 one hundred, two hundred 这样的排序,让儿童明白,同样的排序其实也可以用于十位数,即:one ten, two ten。

许多美国一年级与二年级学生虽然知道应该将两个数字相加之和"10"放到左边的数列上,但在做加法时,却仍然要用英语的 teen words 来对自己陈述这些总数,如:"six plus six is twelve"、"eight plus five is eight, nine, ten, eleven, twelve, thirteen"等。这也就意味着,他们并不能立刻明白,这些 teen words 就是由"1 个十"与"几个一"所组成的,因此不得不借助于书面表达的形式来理解位值概念,即十位数与个位数的关系,从而在英语数词与书面位值数字之间产生一种机械联系,例如,"twelve"is written 12。也即必须亲眼看着"12"这个数字,才能明白它是"1 个十"与"两个一"(They then looked at the 12 to see that it was one ten and two ones)。

由此也就表明,美国儿童与朝鲜儿童获得位值概念的顺序完全不同。儿童学习数数,首先是从口语开始,然后再学习书面表达符号,例如,朝鲜儿童先学会说"일이삼"(一、二、三),然后再学会写"1,2,3";同样,美国儿童也是先会说"one, two, three",所不同的是,朝鲜儿童在说"십이"(十二)时,便已经知道它是由"1 个十"与"两个一"组合而成;而美国儿童会说 twelve 时,仅仅知道这是一个排在 eleven 之后的数字,却不明白它包含一个 ten 与两个 ones。因此,一直要到学会书面表达形式,亲眼看着 12,才能够明白 twelve 的含义。换言之,朝鲜儿童是从口语到书面语,美国儿童则相反,是从书面语到口语。既然书面语的学习通常迟于口语,美国儿童位值概念的形成自然也就落后于朝鲜儿童。

文章最后总结道:本研究表明,不同文化之间,某些有关儿童的认知或者教学任务表面看来似乎相同,但实际上却相差迥异。各种文化不同的口头语言、书面符号、以及学校讲授的解题策略等等,对于儿童概念结构的形成,有的提供支持,有的则形成障碍。因此,对一项任务中所使用的概念结构进行跨文化分析,确认哪些概念结构有利于任务的解决,可以提供文化或语言上的支持,以弥补文化上存在的缺陷(that might be helpful in the disadvantaged culture)。

尤其值得注意的是,作者不但明确指出,不同文化对于概念结构的形成具有不同的作用,有的支持(support),有的妨碍(interfere),甚至更进一步提出"disadvantaged culture"的概念。我们当然不承认文化有优劣之分（也正因为如此，我们没有将 disadvan-taged culture 译成"劣势文化"），但同时也并不否认，不同文化在某些方面的确具有短长之别，故而提倡取长补短，不断完善。且以计数系统为例，"27 种身体部位计数系统"与英语相比，显然处于不利地位。我们完全有理由相信，操这种语言的人，学了英语以后，计数（以及计算能力）必将大大提高。那么，英语与朝鲜语（以及汉语）相比呢？作者既然是在英语与朝鲜语之间进行对比，而且又对朝鲜儿童的数学能力大加褒奖，那么，在他们眼里，哪个属于 advantaged，哪个属于 disadvantaged，恐怕也就尽在不言中了。

第八章

文化移值

Stevenson 与其同事于 1990 年发表了一篇长达百页的专题论文（monograph）："取得成绩的环境：对美国、日本及中国儿童的调查研究"（Context of Achievement：A Study of American，Chinese，and Japanese Children）（Stevenson 等 1990a），主要内容与我们在前言中介绍的大致相当，不再赘述。值得一提的是，作者在文章末尾附加了日本著名认知发展学家 Giyoo Hatano 对他们的研究成果所给予的批评，以及他们对这一批评的回应，其中涉及"文化移植"的问题，因此有必要进一步予以讨论。

第一节　符号与概念

Hanato 对 Stevenson 等人研究结果的最大质疑是：如何看待数学成绩？换言之，他并不相信东亚儿童的数学水平真的高于美国儿童，故而提出，首先必须弄清数学成绩的本质（specifying the nature of mathematics achievement），或者更确切地说，如何看待概念理解（conceptual understanding）与符号操作（symbol manipulation）二者之间的关系。

Hanato 认为，Stevenson 等的测试在设计上存在一个重大缺陷，即涉及的主要是书本上现成的东西，因此很难了解学生是否真正掌握了数学知识，也即无法知道，在没有教学或者教学较少的情况下，学生能否自行运用学过的知识来解决新问题。

这实际上触及一个长期以来人们普遍关心甚至非常担忧的问题，即中国（以及日本、朝鲜等东亚国家）学生往往习惯于套用固定公式机械性地解题，因此仅仅擅长于对付只有唯一答案的题目，而美国(以及西方)学生则不受固定模式局限,故而能够根据具体情况,灵活多变地采用不同解题策略。

Stevenson 等认为,Hanato 之所以会有这种看法,主要是因为他们当时正在进行的一项中美对比研究尚未发表(见表8.1)。该研究除了计算题与文字题以外,还增加了 9 项新内容:数学操作、数字概念、测量、估算、图表、视觉、空间关系、速算,不仅涵盖了学校课程,而且还涉及一些学校未曾教授的数学技能,例如,向假想的火星人解释如何使用加法,利用图表提供的信息回答谁能赢得比赛,以及根据给定的已知条件编写文字题,等等。很明显,要想解答这样的问题,仅仅只是照搬课堂所学的规则及演算是远远不够的。

表 8.1　中美一年级与五年级学生数学测试平均成绩

	北　京	芝加哥	满　分
一年级			
计算	18.1(2.5)	13.0(3.6)	41
文字题	9.2(2.5)	3.6(2.4)	28
数学运算	11.5(2.0)	5.8(2.7)	18
数字概念	20.4(3.2)	15.0(4.5)	30
测量	6.7(1.7)	5.6(1.8)	13
估算	6.4(2.9)	4.7(2.6)	18
图表	5.1(1.9)	3.6(2.1)	9
视觉识别	7.8(1.5)	7.3(1.9)	13
空间关系	5.4(2.6)	4.0(2.2)	10
速算 A	30.5(9.1)	9.1(5.3)	81
五年级			
计算	57.6(4.8)	45.7(6.6)	78
文字题	18.3(3.8)	12.7(3.8)	28
数学运算	13.4(2.1)	8.9(2.7)	21
数字概念	28.2(3.1)	21.1(5.6)	34
测量	10.2(1.7)	8.8(1.8)	13
估算	14.7(3.3)	12.5(3.4)	26
图表	6.5(1.6)	6.9(1.8)	9
视觉识别	10.7(2.0)	10.5(1.8)	15

	北　京	芝加哥	满　分
空间关系	7.5(1.7)	7.0(2.0)	10
速算 A	52.6(11.3)	33.2(11.7)	81
速算 B	18.1(6.0)	7.9(4.7)	72
速算 C	9.8(4.3)	4.3(2.7)	48
几何	10.3(2.1)	4.3(1.7)	17

注:括号中的数字为标准差。

（Stevenson 等,1990c）

表 8.1 中一共列出 23 项成绩对比,其中仅有五年级的图表
(graphs and tables)一项,中国学生略低于美国学生(6.5 与 6.9)。
其他有关具体内容不再一一介绍,仅以速算一项为例。速算 A 为一
位数加法,速算 B 为两位数加法,速算 C 为两位数与一位数乘法,差
别最大的为一年级的速算 A——30.5 与 9.1,也就是说,在同样的时
间内,中国学生解答的题目为美国学生的 3 倍之多! 五年级的差距
也在一半以上。用作者的原话来说,中美两国学生之间的这种差距
简直堪称"弥漫性的"(pervasive)。

简而言之,不论是要求使用唯一计算方法的题目,还是要求运用
数学知识予以解答的题目,美国学生的成绩始终低于中国学生。正
是基于该项研究的成果,Stevenson 等对 Hatano 第一项质疑的回答
是:"是的,亚洲国家在促进儿童数学学习方面的确要更加成功"
(Yes, Asian countries really are more successful in facilitating children's
mathematical learning)。

第二节　文化影响

按照 Stevenson 等的研究,亚洲学生数学成绩之所以优越,主要
原因就在于家长重视、社会期待等非认知因素。Hatano 认为,由此
可以概括出两个重要结论:第一,每种文化都会选择一定的价值观,
强加于(impose)其成员,尤其是年幼的成员;第二,这种强加并不一

定需要采用"暴君手段"(dictatorial form)。比如,日本母亲就通常被称为教育妈妈(kyoiku mama),因为她们总是力图为孩子提供一种抚养性的和保护性的学习氛围(a nurturant and protected atmosphere for learning),即通过温和慈祥、尊重人格的细致方法,一步步引导年幼成员融入社会,其目的就是为了帮助他们自行内化各种价值观念(internalize the cultural values),而这些价值观一旦获得内化,对它们的追求就完全可以来自个人内心的驱动,无需借助于外界的压力。

Hatano 就文化影响的问题举了两个例子:第一,汉字。按规定,日本儿童必须学习大约 2 000 个汉字,而且必须达到能读会写的程度。这显然是一项非常艰巨的任务。相比之下,假名不但简单易学,而且事实上也足以传情达意,相互交流。既然如此,为什么还要不惜劳累,学习汉字呢? Hatano 认为,原因就在于日本文化高度重视汉字的价值,甚至将能否使用汉字视为智力成熟的标志(sign of intellectual maturity),故而父母都极力关注汉字学习,而且也非常乐于帮助孩子。

第二,国家性体育活动。一旦某项体育活动成为一个国家文化的组成部分,也即该国民众大多踊跃参与或者喜欢观看的话,其球队就往往比较强大——尽管实际人数并不是很多。例如,巴拉圭的足球、斐济的橄榄球等。这就意味着,如果就该项体育技能对该国儿童进行测量的话,得分一般都比较高;正因为赋予了较高的文化价值观,儿童花在上面的时间自然就多,而且也愿意帮助那些技艺较差的同伴。

Hatano 举这些例子的目的在于说明一个事实,即身处某种特定文化中的孩子别无选择——他们必须掌握这些技艺;而数学对于亚洲国家来说,恰恰就是这样一种"全国性智力追求"(national intellectual pursuit)。与之相反,美国却完全不是这样。如果说,亚洲儿童无法"逃脱"(escape from)数学的话,美国儿童则有更多选择,也即从小就被告之(尽管也许是以一种隐含的方式):如果数学不行或者厌恶的话,完全可以另行考虑。Hatano 进一步指出,一门功课是强制性的还是选择性的,直接关系到努力付出的大小。例如,日本学生认为,成绩差异主要是由努力决定的,也就是说,即使先天能力不足,也完全可以凭借后天努力来予以弥补;而美国学生则认为,一个人必须足够聪明甚至具有天赋,努力才有意义(Americans regard effort meaningful only insofar as one is smart or talented enough in the field)。

Hatano 由此对 Stevenson 等提出批评,甚至认为他们的观点不过是强化理论的一种"粗糙翻版"(crude version of reinforcement theory),即一种能力的获得,只不过是因为人们对它有所期待,有所奖励而已(The competence is acquired because it is expected and rewarded)。

Stevenson 等对此的回应是,首先承认,亚洲父母及教师对数学的重视程度的确大大超过美国父母及教师,但随之马上指出,光是强调重要性绝不意味着就能取得好成绩。一个典型的例子便是,美国人对阅读能力极其重视,而且也在小学教育中赋予了重要地位,然而,令人遗憾的是,从表8.2不难看出,从一年级到五年级,无论是词汇,还是理解,以及阅读,美国儿童的得分仍然低于中国儿童——尽管这一差距不如数学明显。

表8.2　中国台湾、美国、日本儿童阅读及数学测试平均成绩

	阅　读		
	美国	中国台湾	日本
一年级			
词汇	9.95	10.78	7.16
	(9.63)	(9.11)	(6.21)
理解	21.27	25.65	22.76
	(18.23)	(18.68)	(13.17)
阅读文章	0.17	0.20	0.15
	(0.18)	(0.21)	(0.13)
五班级			
词汇	48.43	49.79	46.98
	(9.13)	(7.13)	(8.99)
理解	82.65	84.58	83.53

	阅 读		
	美国	中国台湾	日本
	(10.49)	(7.16)	(8.53)
阅读文章	0.85	0.85	0.85
	(0.12)	(0.11)	(0.09)
	数 学		
一年级			
演算	14.30	16.83	15.69
	(3.73)	(3.66)	(3.45)
问题解决	2.81	4.34	4.38
	(2.03)	(2.18)	(2.08)
五年级			
演算	32.27	36.17	37.15
	(4.98)	(3.21)	(5.65)
问题解决	11.71	14.59	15.68
	(2.69)	(2.91)	(3.62)

注:括号中的数字为标准差。

(Stevenson 等 1990a)

简言之,按照 Hatano 的观点,亚洲儿童之所以数学成绩好,是因为他们别无选择,甚至不妨说是"逼"出来的,而美国学生之所以数学成绩差,是因为他们有充分选择的自由,无需"一棵树上吊死"。因此,美国人如果觉得数学学不好的话,还不如干脆放弃,另辟蹊径(Americans would be wise to give up in mathematics and concentrate on other things)。Stevenson 等对此评述道:假如数学真的是如此微不足道的一门学科的话,这种观点当然还值得商讨;问题是,任何一个国家,只要轻视数学,其科学技术就必然落伍,其经济就必然衰退。

还需指出的是,这里所说的"数学",并不是指大学数学专业学习的或者数学家研究的那种高深知识,而仅仅只是指普通的加减乘除等初级算术而已。我们当然不可能指望人人都去报考"数学系",

但简单的加减乘除却是任何人都必须具备的基本运算能力,甚至完全可以视为"扫盲"的一部分。既然人人都必须"识字"——哪怕是采取强迫手段,那么,用同样的方法强迫人人掌握基本运算能力,又有何不可呢?

第三节　亚洲模式

在谈到亚洲模式可否效仿这一问题时(Can Asian countries be taken as a model),Hatano 提出一个十分有趣、但恐怕也是十分出人意料的观点,即将数学成绩低劣的高发率类同于某种疾病的高发率(High incidence of low achievement in mathematics can be likened to a high incidence of some disease)。首先,人们可以提出疑问:数学成绩不佳这种"疾病"是否类似于脚气病,其起因是由于某种欠缺? 换句话说,这种疾病的起源是否单一,因此可以用一种特定的方法来进行预防与治疗? 例如,脚气病是因为维生素 B_1 的欠缺所致,因此,人们便常常用大米加大麦的方法来对付——尽管一般都不知道为什么。那么同样,数学成绩的低劣是否也是由一种单一的社会文化因素引起的,因此只需妥善解决这一个因素便可大大改变现状呢?

其次,假如这种疾病类似于胃癌,病因不一,治疗方案当然也就应该具体分析,灵活多变。虽然流行病学研究发现,有些食品很可能是发病的主要来源,但仅仅只是减少其中任何一种并不会带来显著效果。例如,日本人常被告诫多吃西方食物,因为西方以及美国的胃癌发病率的确低得多。不过,西方食物的流行,与其说是出于这种建议,还不如视为西方化的结果。而且,还值得一提的,胃癌发病率虽然随着西方食物的流行而降低了,但不幸却导致结肠癌发病率的逐步增加。因此,流行病学家根据最新研究,建议最好还是多吃传统的日本食物。

Hanato 举这样的例子,目的十分明显,也即为了证明,人们对于如何治疗这样两种不同类型的疾病有着完全不同的观念。比如,大米加大麦的烹饪方法,虽然需要在饮食习惯方面作出一定的牺牲,但与减少脚气病的发病率相比,这点牺牲可谓微不足道,完全可以接受。同样,假如美国学生数学不佳,也像脚气病一样,原因单一的话,那事情当然就好办多了。但问题是,万一更加类似胃癌呢? 其对策研究(policy-oriented researchers)就不得不格外谨慎了。尤其值得注意的是,虽然癌症的高发率是一个令人不安的问题,但这并不表示,没有癌症病状的人就一定健康——说不定一种病状的低发病率恰恰伴随着另一种病状的高发病率。更加严重的是,众所周知,医务治疗往往都难免有副作用,也就是说,一种疾病固然得到有效控制,但说不定却同时诱发另一种疾病的产生。Hanato 的用意十分明显,即亚洲国家虽然成功地治愈了数学成绩低劣的高发病率,但却不幸常常伴随着负面情感反应(accompanied by negative emotional reactions),比如不喜欢甚至厌恶数学等等。

正是根据上述这种类比,Hanato 提出了他的第二个疑问:数学成绩上的差距能否在不牺牲美国社会文化观念的前提下予以改变? 换言之,在他看来,希望通过改变美国的社会文化环境来提高儿童的数学成绩,但同时又不对美国人的价值观造成威胁几乎是不可能的。由此也就产生一个重大问题,即一个国家如果想要效仿其他国家的话,就不得不考虑成本以及后果。正是在这个意义上,Hatano 认为亚洲模式并不可取,因为一旦全盘照搬的话,难免损害美国文化价值观。

这样的论点显然也难以令人接受。各种文化之间的相互交流,取长补短,早已司空见惯,不足为奇。日本在这方面尤为突出,正所谓"拿来主义"。数学领域也不例外,例如,日本非常流行的"新数学"教科书,其中许多观点实际上就是源自于美国 1960 年编写的New Math curriculum。

仅仅凭借这一个简单的例子,Stevenson 等便断言,如果美国对自身的文化价值观进行重新评价的话,比如,重视学习成绩,强调努力付出,父母主动关心孩子的学习情况,等等,绝不会引起巨大的文化错位(cultural dislocations)。由此也就不难回答 Hanato 的第二个问题,即美国儿童较差的数学(以及阅读、科学、几何等其他科目)成绩完全可以在无须付出代价的情况下得到改变。

当然,反过来,如果从一个极端走到另一个极端,比如,教学量过大,父母期望值过高,课堂学习取代其他有益健康的户外活动,也难免落入另一个陷阱。Hanato 认为这正是亚洲国家当前面临的困境。这的确是值得关注的问题,也即如何摆脱"应试教育"的困扰。

第四节　技艺的代价

Stevenson 等也承认,中国与日本儿童同样埋怨数学难学,毕竟,只有少数极具天赋的人——尤其是在小学阶段——才会好学不倦,乐此不疲。不过,他们紧接着便予以质问:Hanato 又提出了怎样的建议呢? 难道只让儿童学习他们感兴趣的东西吗? 众所周知,凡是复杂的技艺,无不需要刻苦与勤奋。难道 Hanato 真的相信,仅仅只是因为选择的多样化,便能保证美国儿童无论做出什么选择都能干得出色吗? 难道他真的建议,一个人做出怎样的选择,仅仅只是根据难易程度,有无快乐,而无需考虑有没有回报吗? 诚然,亚裔儿童为了满足本文化所赋予的要求的确需要付出很大的代价,但反过来,美国儿童为这种"自由选择"所付出的代价也并不小,例如,文盲众多,辍学严重,以至于最终无法满足就业需要(There are also costs to the American students, as is evidenced in the high rates of illiteracy, school dropouts, and loss of opportunities for satisfying and challenging employment)。

Stevenson 与 Stigler(1992)著有《学习的差距:为什么我们的学校会失败,我们又能从日本与中国教育中学到什么》(The learning gap: why our schools are failing and what we can learn from Japanese and Chinese education)一书,其中谈到不同文化背景对人们观念认识的影响时指出,亚洲文化注重努力,美国文化强调能力。

在亚洲文化中,基础教育的目标是非常明确的:如何读、写、运用数学和了解历史和政治等。而美国人不会如此明晰。他们不相信每一个孩子都能掌握学业课程,但是他们必须要为每一个孩子提供学习的机会。所以他们很难决定学生究竟应该从学校中得到什么。他们认为只有一部分学生能够学得好,所以他们不愿把教育目标狭义地确定为成绩优秀。这个局面造成在美国社会中,学习被认为是"有或无的过程"(All-or-none process)。这就是说,如果一个学生是"聪明"的,那么他就能有所成就;而一个笨的学生则由于缺少必需的能力,他就可以少学习一点儿。在这种"能力"模式下,光有努力学习的动力是不够的,还要看看个别孩子具有多少成功的能力。如果学生发生了错误,那么意味着失败和缺少学习的潜力。

所以美国的教师千方百计地预防学生失败,给他们认为能力差的学生更简单的任务。相反,在"努力"模式下,错误被认为是学习过程中的自然现象。因此,日本和中国的教师不会根据学生的学习能力调整课程,他们认为学习困难的学生要跟上课程的进度就必须付出更多的努力。在这样两种不同学习模式的影响下,两地的学生、教师对数学学习的信念也存在着差异。美国学生把学习数学视为一种快速的深入过程,而不是长期的努力过程。一位美国学者对数学教育的研究显示,美国学生似乎相信,如果一道数学题是可解的,那么最多花十分钟就应该得到答案。所以美国学生往往在得到真正的答案之前就已经放弃努力了。亚洲的学生对待数学难题的态度是不放弃。他们坚持解答数学难题的时间远远超出研究人员认为学生能够坚持的时间。(黄娟娟等,2003)

仅从这位美国学者给出的例子,我们似乎已经不难明白为何美国学生数学成绩低于中国学生了——以十分钟为解题的最高时限,如此惧怕劳累,逃避困难,岂能指望技术的精益求精! 由此更不得不对美国的这种文化价值观予以质疑:没有努力,何来能力?

著名数学家陈省身将数学与打球相提并论:"要多练,就像打球一样,要打好球的最好办法就是多练,练得多才能打得好。"

中国人无不熟悉"只要功夫深,铁杵磨成针"、"不事耕耘,焉问收获"的古训。其实,英语中同样不乏这类"励志豪言",例如"No pain, no gain", "Constant dropping wears away a stone", "Little strokes fell great oaks", "Perseverance spells success",那么,为何不见付诸行动,仅仅十分钟就放弃呢?

不可否认,中国孩子的确是太辛苦,太劳累了,然而,反过来,美国孩子也未免太轻松,太舒服了——不想学的东西居然就可以不学,天下哪有这样的道理!

综观以上两家所述,不难发现,无论是 Hanato 的批评,还是 Stevenson 的反批评,都没有涉及语言,没有涉及数字认知表征,因此都无法揭示事实的真相,即美国学生数学成绩为何低于中国学生?

尤其值得一提的是,尽管美国父母高度重视儿童的阅读能力,但测试结果却仍然不如中国儿童。Stevenson 虽然用这个实例对 Hanato 予以了反驳,以证明他们并不信奉强化理论,但却没有料到,这一来却与自己提倡的"非认知因素"唱起了对台戏——既然美国家长如此重视阅读能力,孩子的成绩仍然不如中国儿童,那么,重视数学能力,又能取得怎样效果呢?

我们在位值概念一章中提到,Fuson 等受汉语数词命名系统的启发,设计了一种 ten-stick and dot quantity drawings 的教学方式,而其中一个重要内容就是引进 five tens and three ones 这类表达方式,取得了良好的教学效果。不妨想象,假如美国母亲效仿此法,教孩子数数时,不但教 eleven,同时也教 ten one,或者干脆以后者取代前者,学校也主动配合,教学中积极采用这种含义明晰的 tens-and-ones words,那么,在这种"亚洲模式"氛围中长大的孩子,在数学学习过程中,还会重蹈父辈兄长的困顿与挫折吗? 这样的"文化移植"难道不值得一试吗?

结　语

黄全愈在《素质教育在美国》一书中介绍：

　　我儿子在其他同班的美国小朋友还在捏着指头学算十以内的加减法时，已会多位数乘除法，令其美国同学羡慕得很，也让其美国教师头痛得很。上课时他不是讲话，就是捣蛋，或是给老师出难题。老师的问题还没提完，他就抢着答出来了，其他小朋友根本没有思考的机会。如果规定要举手才能回答，有时他也举手，你不选他回答，他就讲他的话，不配合老师的教学；老师抽着他回答，他就出怪题、出难题来回答老师的问题。

　　比如有一次，老师问："六减三等于几？"

　　他高高地举起了手，大概他已经多次举手，老师为保护他的积极性，就挑了他来回答。

　　结果，他回答说："六减三等于二十一除七！"

　　弄得老师不能说他错又不能说他对。你说他错，没有道理；你说他对，其他小朋友就要问：二十一除七是什么意思？于是，老师就陷入两难的境地：解说不是，不解说也不是。

　　后来，老师不得不让他帮改一些作业，有时候干脆荣誉性地送他到图书馆去帮帮工。当然，也有老师采取压制的办法，让几个女学生围着他坐，使他难以"乱说乱动"。

那些从中国出来的孩子们，无论是农村小学来的，或者在国内读的是慢班，大多数也能风光一番。

现在，儿子上八年级，相当于国内的初二，但每天清早6：29，他必须到屋外去等高中派来接他的校车，到高中去上几何课，然后再由高中派车送他回初中去上其他课程。即使跳级到高中上几何，他在班里也是前几名，觉得很轻松。到高中上几何没几天，就有高中的大同学来找他，让他帮做作业，每次给他两美元，他很得意地回家对我们说："我不是不想积钱买电子游戏机的软件，我是怕害了这个高中同学……"

像这类跳级学习的情况，不仅发生在我儿子身上，还发生在许多中国留学生的子女身上。但是，这些在美国中、小学的跳级生若回到中国恐怕都会成为留级生！（1999）

Geary 等（1993）在"数字认知"一文的结尾中写道："如果掌握基本技能有利于学习更加复杂的数学概念与数学程序，则本研究结果表明，中国儿童在数学认知发展方面始终维持领先同龄美国儿童3 至 4 年的优势。"（If the mastery of basic skills facilitates the acquisition of more complex mathematical concepts and procedures, then the results of the current study suggest that Chinese children will have a consistent 3-to-4-year advantage over their American peers in the development of mathematical cognition）

人生有涯，百年为限，儿童时代便领先三四年，喻之以百米短跑，就等于发令枪响便甩出对手三四米，简直堪称"飞人"，胜负应该早成定局。然而，问题是，中国人为何没有始终保持优势，率先冲刺，反而让对手一步步追上并超过呢？

仅举一个简单的例子，素有"数学诺贝尔奖"之称的菲尔茨数学奖，自 1936 年设立以来，至今共有 45 人获奖，其中美国 16 人，英国 7 人，法国 8 人，前苏联及俄罗斯 5 人，日本 3 人，比利时 2 人，新西兰、意大利、德国、瑞典各 1 人。遗憾的是，泱泱华夏大国迄今榜上无名。

这不禁令人想起著名的"李约瑟难题"(Needham's Grand Question)。

英国生物化学家李约瑟从 1943 年到 1946 年,先后在中国作了 11 次长途考察,行程长达 3 万里左右。据他的观察,16 世纪之前的中国是世界上科技最先进的国家,中国人公元 868 年印刷出了第一本表明出版日期的图书,公元 1088 年,发明了"磁力导向"的指南针,公元 1161 年发明了能够抛出炸弹的投石机,管子对月亮周期与潮汐现象之间的关系的观察与亚里斯多德完全一致,等等。他为此深感疑惑:"为何中国在科技发展上长期领先于西方,而现代科学却出现于西方而不是中国? 在最近的数百年里,中国的科技如何会停滞不前,以至于沦为一个备受欺辱的衰老帝国?"

近年来,钱学森也提出一个疑问:"为什么我们的学校总是培养不出杰出人才?",世称"钱学森之问"。

不少人认为"中国基础教育加美国高等教育"是一种最理想的教育模式,似乎不无道理。例如,就小学教育而言有人便提出疑问:美国教育是不是过于重视个性的发展以致忽略了基本技能的教育?

黄全愈认为,这个判断是基本正确的:

> 矿矿在国内幼儿园学的那点算术,足以应付美国小学一二年级的算术课了! 本来一个月可以学完的内容,非得磨呀磨呀的磨它一个学期的"洋"工。我是很看不惯,就作为一个问题在我的博士课程中提出来讨论。不少人附和我的看法,也有不少人——教育工作者振振有辞地辩解:"孩子就要生活得像孩子!(学习)压得太多,他们的生活就因为失去了童真童趣,而失去了孩子的意义……"
>
> 这些辩解也不能说没有一定的道理。但是只给孩子一个计算器,而不教计算技能,他或她就永远是数学差的孩子。据我太太介绍,有一位正在上大学二年级的美国女孩来向她请教一个有关百分比的问题,这个女孩手上拿着一个功能很齐全的计算器,但就是不明白算百分比应该先输

入哪一个数？后输入哪一个数？她学的还是电脑专业呢！像这种例子，在美国还是不算太少的。

美国教育忽视培养"计算技"的基本技能，这是不争的事实，已日渐引起美国教育界有识人士的重视。（1999）

可惜的是，他并没有找到美国小学一二年级算术课"磨洋工"的真正原因。我们只需回顾一下有关"位值概念"的学习情况，就不难明白，为什么同样的内容，中国儿童一个月便可完成，而美国儿童却不得不耗费一个学期。换言之，使美国儿童失去童真童趣的，并不完全是外部压力，很大程度上主要是来自语言本身，也即英语的数词命名系统与阿拉伯数字的构成方式很不一致。

著名数学家陈省身指出："我们现在大家讲教育问题，很自然的一个模范是美国。我要说明的是美国的数学教育程度是很低的，中国的数学教育已经比美国强。不要听一些人到美国参观了以后说美国降低了要求，我们就要降低；不要把我们优势丢掉。在美国我也参加过一些数学教育问题的讨论，实际上就是水平越来越低。希望我们至少能维持原来的水平，使学生经过这样的六年或九年的时间，对数学有一定水平的训练。"（张孝达，等，2007）

如果说，中国的基础教育在一定程度上胜过美国，那么反过来，高等教育则在很大程度上远远不如美国。一个最有力的证据便是：每年都有大量中国学生前往欧美学习现代科学技术，但却鲜见反例。关于我国的教育状况坊间有段子云："幼儿园学小学的知识，小学学初中的知识，初中学高中的知识，高中学大学的知识，大学学幼儿园的知识。"这固然是在讽刺德育教育的缺失——虽然早已成人，却完全不懂做人的基本道理，但同时也是批评大学教育的落后，例如：课程设置陈旧、教学手段落后，以及学习过于轻松——压力甚至远远不如中学生或者小学生。

科学技术的发展当然离不开雄厚的基础知识，但最后的攻尖冲刺毕竟还是要靠高等教育。中国人凭借勤奋好学、家长厚望、社会压力等非认知因素，再加上远远优越于西方的数字认知表征方式，在基础教育方面的的确确已经跑在了同龄西方人之前。后来之所以一步步被西方人赶上并超过，只能证明我们的高等教育出了严重问题，以至于将语言结构所带来的先天优势丧失殆尽——足以堪称"李约瑟难题之二"。

"李约瑟难题"早已引起广泛关注，"难题之二"却鲜见有人提及。希望本书的出版能够引起大家的重视，并积极探讨答案，寻求对策。

参 考 文 献

[1] An S, Kulm G, Wu Z. The Pedagogical Content Knowledge of Middle School Mathematics Teachers in China and the U. S. Journal of Mathematics Teacher Education, 2004(7).

[2] Anghileri J. An Investigation of Young Children's Understanding of Multiplication. Educational Studies in Mathematics, 1989, 20.

[3] Baddeley A D. Working memory. Oxford University Press, 1986.

[4] Baddeley A D, Hitch G. Working Memory. In G H Bower (Ed.), The Psycholoy of Learning and Motivation New York: Academic, 1974, 8.

[5] Baddeley A D, Thomson N and Buchanan M. Word Length and the Structure of Short-term Memory. Journal of Verbal Learning and Verbal Behavior, 1975(14).

[6] Booth L R. Child-Methods in Secondary Mathematics, Educational Studies in Mathematics, 1981(12).

[7] Bruner J S. On Cognitive Growth: In J S Bruner, R R Olver. P M Greenfield, et al. (Eds.). Studies in Cognitive Growth. New York: Wiley, 1996a.

[8] Bruner J S. Toward a theory of instruction. Cambridge. MA: Harvard University Press, 1996b.

[9] Cai J. A Cognitive Analysis of U. S. and Chinese Students' Mathematical Performance on Tasks Involving Computation, Simple Problem Solving, and Complex Problem Solving. Journal for Research in Mathematics Education (Monograph Series No. 7), 1995.

[10] Case R. Intellectual Development: Birth to Adulthood. Orlando. FL: Academic Press, 1985.

[11] Case R. A Developmental Approach to the Design of Remedial Instruction. In A McKeough & J L Lupan (Eds.). Toward the Practice of Theory-based Instruction. Hillsdale. NJ: Erlbaum, 1991.

[12] Chan J. A Crossroads in Language Instruction. Journal of Reading 1981, 22.

[13] Charalambous C Y, Se Delaney, Hui-Yu Hsu and Vilma Mesa. A Comparative Analysis of the Addition and Subtraction of Fractions in Textbooks from Three Countries. Mathematical Thinking and Learning, 2012(12).

[14] Chen C and Stevenso H W. Cross-linguistic Differences in Digit Span of Preschool Children. Journal of Experimental Child Psychology, 1988, 46.

[15] Cheng Z J. Chinese Number-naming Advantages? Analyses of Chinese Pre-schollers' Computational Strategies and Errors. International Journal of Early Years Education, 2005(2).

[16] Davis R B, McKnight C C. The Influence of Semantic Content on Algorithmic Behavior. Journal of Children's Mathematical Behavior, 1980(3).

[17] Earp N W, Tanner F W. Mathematics and Language. Arithmetic Teacher, 1980(28).

[18] Ellis N C, Henneelly R A. A Bilingual Word Length Effect: Implications for Intelligence Testing and the Relative Ease of Mental

Calculation in Welsh and English. British Journal of Psychology, 1980, 71.

[19] Freeman R D. Visual Acuity is Better for Letters in Rows Than in Columns. Nature, 1980.

[20] Friedman W J. Image and Verbal Processes in Reasoning about the Months of the Year. Journal of Experimental Psychology: Learning, Memory and Cognition, 1983(9).

[21] Friedman W J. Analog and Semantic Models of Judgments about the Months of the Year. Memory and Cognition, 1984(12).

[22] Friedman W J. The Development of Children's Knowledge of Temporal Structure. Child Development, 1986, 57.

[23] Friedman W J. About Time: Inventing the Fourth Dimension. Cambridge, MA: MIT Press, 1990.

[24] Fuson K C, Briars D J. Using a Base-ten Blocks Learning/ Teaching Approach for First-and Second-grade Place-value and Multidigit Addition and Subtraction. Journal for Research in Mathematics Education, 1990, 21.

[25] Fuson K C. Conceptual Structures for Multiunit Numbers: Implications for Learning and Teaching Multidigit Addition, Subtraction, and Place Value. Cognition and Instruction, 1990, 7.

[26] Fuson Karen C, Youngshim Kwon. Korean Children's Understanding of Multidigit Addition and Subtraction. Child Development, 1992, 63(2).

[27] Fuson Karen C, Diana Wearne, James C. Hiebert, Hanlie G Murray, Pieter G Human, Alwyn I Olivier, Thomas P Carpenter, Elizabeth Fennema. Children's Conceptual Structures for Multidigit Numbers and Methods of Multidigit Addition and Subtraction. Journal for Research in Mathematics Education, 1997, 28(2).

[28] Fuson K C, Steven T Smith, Ana Maria Lo Cicero.

Supporting Latino First Graders'Ten- Structured Thinking in Urban Classrooms. Journal for Research in Mathematics Education, 1997, 28 (6).

[29] Geary D C, Fan L, Bow-Thomas C C. Numerical Cognition: Loci of Ability Differences Comparing Children from China and the United States. Psychological Science, 1992(3).

[30] Geary D C, Bow-thomas C C, Fan L & Siegler R S. Even before Formal Instruction, Chinese Children Outperform American children in mental addition. Cognitive Development, 1993.

[31] Geary D C, Salthouse T A, Chen G P & Fan L. Are East Asian Versus American Differences in Arithmetical Ability a Recent Phenomenon? Developmental Psychology, 1996, 32.

[32] Geary D C, Bow-Thomas C C, Liu F, Siegler R S. Development of Arithmetical Competencies in Chinese and American Children: Influence of Age, Language, and Schooling. Child Development, 1996(67).

[33] Ginsburg H P, Chia-ling Lin. Young American and Chinese Children's Everyday Mathematical Activity. Mathematical Thinking and Learning, 2003, 5(4).

[34] Groen G J, Parkman J M. A Chronometric Analysis of Simple Addition. Psychological Review, 1972,79 (4).

[35] Han Y, Ginsburg H P. Chinese and English Mathematics Language: The Relation Between Linguistic Clarity and Mathematics Performance. Mathematical Thinking and Learning, 2003, 3(2/3).

[36] Heider E R. Universals in Color Naming and Memory. Journal of Experimental Psychology, 1972, 93.

[37] Ho C S, Fuson K C. Children's Knowledge of Teen Quantities as Tens and Ones: Comparisons of Chinese, British, and American Kindergartners. Journal of Educational Psychology, 1998, 90.

［38］Hoosain R. Language, Orthography and Cognitive Processes: Chinese Perspectives for the Sapir-whorf Hypothesis. International Journal of Behavioral Development, 1986(9).

［39］Hoosain R, Atai P, Salili f. Mirror Tracing by Monolingual and Bilingual Lranian Children. Perceptual and Motor Skills, 1975, 41.

［40］Hoosain R. Forward and Backward Digit Span in the Languages of Bilingual. The Journal of Genetic Psychology, 1979, 135.

［41］Huntsinger Carol S, Paul E Jose, Shari ZL Larson, Dana Balsink Krieg and Chitra Shaligram 2000, Mathematics, Vocabulary, and Reading Development in Chinese American and European American Children Over the Primary School Years. Journal of Educational Psychology, 2000, 92.

［42］Hurford J R. The Linguistic Theory of Numerals. Cambridge, England: Cambridge University Press, 1975.

［43］Hurford J R. Language and Number. Cambridge, England: Cambridge University Press, 1987.

［44］Husen T. International Study of Achievement in Mathematics: A Comparison of Twelve Countries. New York: Wiley, 1967.

［45］Kamii K. Young Children Reinvent Arithmetic: Implications of Piaget's Theory, New York, Teachers College Press, 1985.

［46］Kamii C. Place Value: An explanation of Its Difficulty and Implications for the Primary Grades. Journal for Research in Childhood Education, 1986(1).

［47］Kamii C, Joseph L. Teaching Place Value and Double-column Addition. Arithmetic Teacher, 1988(35).

［48］Kelly M K, Miller K F, Fang G, Feng G. When Days Are Numbered: Calendar Structure and the Development of Calendar Processing in English and Chinese. Journal of Experimental Child

Psychology, 1999(73).

[49] Kerslake E. Fractions: Chinese's Strategies and Errors, NFER-Nelson Publishing Company Ltd. , Slough, 1986.

[50] Li C. The Effect of the Assumed Boundary in the Solving of the Nine-dot Problem on a Sample of Chinese and American Students 6 - 18 Years Old. Doctoral Dissertation, University of Massachusetts, Amherst, 1991.

[51] Li C, Shallcross D J. The Effect of the Assumed Boundary in the Solving of the Nine-dot Problem on a Sample of Chinese and American Students 6 - 18 Years Old. Journal of Creative Behavior, 1992, 26(1).

[52] Li C, Nuttall R, Zhao S. Gender Differences among Chinese Undergraduate Students in the Performance of the Water-level Task. Paper Presented at Asian American Psychological Association Annual Convention, Toronto, Canada, 1996.

[53] Li C. Impact of Acculturation on Chinese-Americans' Life and Its Implications for Helping Professionals. International Journal of Reality Therapy, 1998, 17(2).

[54] Li C, Nuttall R, Zhao S. The Effect of Writing Chinese Characters on Success on the Water-level Task. Journal of Cross-Cultural Psychology, 1999, 30.

[55] Li C, Nuttall R, Zhu W. Writing Chinese Characters and Success on Mental Rotation Test. Perceptual and Motor Skills, 1999, 88.

[56] Li C. Instruction Effect and Developmental Levels: A Study on Water-level Task With Chinese Children Ages 9 - 17. Contemporary Educational Psychology, 2000, 25.

[57] Lynn R. IQ in Japan and the United States Shows a Growing Disparity. Nature, 1982, 297.

［58］Mayer R E. Frequency Norms and Structural Analysis of Algebra Story Problems Into Families, Categories, and Templates. Instructional Science, 1981(10).

［59］Mayer R E. Memory for Algebra Story Problems. Journal of Educational Psychology, 1982, 74.

［60］Miller G A. The Magical Number Seven, Olus or Minus Two: Some Limits to Our Capacity for Processing Information. Psychological Review, 1956, 63.

［61］Miller K F, Stigler J W. Counting in Chinese: Cultural Variation in a Basic Cognitive Skill. Cognitive Development, 1987(2).

［62］Miller K F, Zhu J. The Trouble with Teens: Accessing the Structure of Number Names. Journal of Memory and Language, 1991, 30.

［63］Miller K F, Smith C M, Zhu J, Zhang H. Preschool Prigins of Cross-national Differences in Mathematical Competence: The Role of Number-naming Systems. Psychological Science, 1995(6).

［64］Miller K F, Major S M, Shu H, Zhang H. Ordinal Knowledge: Number Names and Number Concepts in Chinese and English. Canadian Journal of Experimental Psychology, 2000, 54.

［65］Milligan W, Milligan R. A Linguistic Approach to Learning Mathematics Vocabulary. Mathematics Teacher, 1983, 20.

［66］Miura I T. Mathematics Achievement as a Function of Language. Journal of Educational Psychology, 1987, 79.

［67］Miura I T, Kim C C, Chang C M, Okamoto Y. Effects of Language Characteristics on Children's Cognitive Representation of Number: Cross-national Comparisons. Child Development, 1988, 59.

［68］Miura I T, Okamoto Y. Comparisons of U. S. and Japanese First Graders' Cognitive Representation of Number and Understanding of Place Value. Journal of Educational Psychology, 1989, 81.

[69] Miura I T, Okamoto Y, Kim C, Steere E M, Fayol M. First Graders'Cognitive Representation of Number and Understanding of Place Value: Cross-national Comparisons-France, Japan, Korea, Sweden and the United States, Journal of Educational Psychology, 1993, 85.

[70] Miura I T, Okamoto Y, Kim C C, Chang C M, Steere M, Fayol M. Comparisons of Children's Cognitive Representation of Number: China, France, Japan, Korea, Sweden and the United States. International Journal of Behavioral Development, 1994, 17.

[71] Miura I T, Okamoto Y, Vlahovic-Stetic V, Kim C C, Han J H. Language Supports for Children's Understanding of Numerical Fractions: Cross-national Comparisons. Journal of Experimental Child Psychology, 1999, 74.

[72] Moore S D, Stanley J C. Family Backgrounds of Young Asian Americans Who Reason Extremely Well Mathematically. Unpublished Manuscript, Johns Hopkins University, Baltimore, MD, 1986.

[73] Mori I. A Cross-cultural Study on Children's Conception of Speed and Duration: Comparison Between Japanese and Thai Children. Japanese Psychological Research, 1976, 18.

[74] Paik Jae H, Kelly S Mix. U. S. and Korean Children's Comprehension of Fraction Names: A Reexamination of Cross-National Differences. Child Development, 2003, 74.

[75] Piaget J, Inhelder B. The Child's Conception of Space (Langdon F J & Lunzer J L, Trans.). New York: Norton. (Original Work Published 1948), 1956.

[76] Rasmussen C, Ho E, Nicoladis E, Leung J, Bisanz J. Is the Chinese Number-naming System Transparent? Evidence from Chinese-English Bilingual Children. Canadian Journal of Experimental Psychology, 2006, 60(1).

[77] Rebelsky F. Adult Perception of the Horizontal. Perceptual

and Motor Skills, 1964, 19.

[78] Saxe G B. Body Parts as Numerals : A Developmental Analysis of Numeration Among the Oksapmin in Papua New Guinea. Child Development, 1981, 52.

[79] Schwartzman S. The Words of Mathematics: An Etymological Dictionary of Mathematical Terms Used in English. Washington, DC: Mathematical Association of America, 1994.

[80] Shuard H. Primary Mathematics Today and Tomorrow. London: Longman, 1985.

[81] Siegler R S, Mu Y. Chinese Children Excel on Novel Mathematics Problems Even Before Elementary School. Psychological Science, 2008, 19.

[82] Silver E A, Leung S S, Cai J. Generating Multiple Solutions for a Problem: a Comparison of the Responses of U. S. and Japanese Students. Educational Studies in Mathematics, 1995, 28.

[83] Song M and Ginsburg H P. The Development of Informal And Formal Mathematics Thinking in Korean and U. S. Children. Child Development, 1987, 58.

[84] Spitz H H. Note on Immediate Memory for Digits: Invariance Over the Years. Psychological Bulletin, 78, 183 – 185.

[85] Stevenson H W, Azuma H. IQ in Japan and the United States: Methodological Problems in Lynn's Analysis. Nature, 1983, 306.

[86] Stevenson H W, Lee S Y, Stigler J W. Mathematics Achievement of Chinese, Japanese, and American Children. Science, 1986, 231.

[87] Stevenson H W, Lee S Y, Chen C, Stigler J W, Hsu C C, Kitamura S. Contexts of Achievement: A Study of American, Chinese, and Japanese Children. Monographs of the Society for Research in Child

Development, 1990, 55.

[88] Stevenson H W, Chen C, Uttal D H. Beliefs and Achievement: A Study of Black, White, and Hispanic Children. Child Development, 1990, 61.

[89] Stevenson H W, Lee S Y, Chen C, Lummis M, Stigler J, Fan L, Ge F. Mathematics Achievement of Children in China and the United States. Child Development, 1990, 61.

[90] Stevenson H W, Stigler J W. The Learning Gap: Why Our Schools are Failing and What We Can Learn from Japanese and Chinese Education. New York: Simon & Schuster, 1992.

[91] Stevenson H W, Chuansheng C, Lee S Y. Mathematics Achievement of Chinese, Japanese, and American Children: Ten Years Later. Science, 1993, 259.

[92] Stigler J W, Lee S Y, Lucker G W, Stevenson H W. Curriculum and Achievement in Elementary School Mathematics: A Study in Japan, Taiwan, and the United States. Journal of Educational Psychology, 1982, 74.

[93] Stigler J W, Lee S Y, Stevenson H W. Digit Memory in Chinese and English: Evidence for a Temporally Limited Store. Cognition, 1986, 23.

[94] Thomas H, Jamison W, Hummel D D. Observation is Insufficient for Discovering that the Surface of Still Water is Invariantly Horizontal. Science, 1973, 181.

[95] Thompson I. Teaching Place Value in the UK: Time for a Reappraisal? Educational Review, 2000, 52(3).

[96] Vasta R, Knott J A, Gaze C E. Can Spatial Training Eliminate the Gender Differences on the Water-level Task? Psychology of Women Quarterly, 1996, 20.

[97] Vasta R, Rosenberg D, Knott J A, Gaze C E. Experience

and the Water-level Task Revisited: Does Expertise Exact a Price? Psychological Science, 1980, 8.

[98] Watanabe T. Teaching Multiplication: An Analysis of Elementary School Mathematics Teachers' Manuals from Japan and the United States. The Elementary School Journal, 2003, 104 (2).

[99] Wiliam U, roberts G. The Welsh Children's Intelligence Scale. Windsor: NFER, 1972.

[100] Wilkinson A C. Children's Partial Knowledge of the Cognitive Skill of Counting. Cognitive Psychology, 1984, 16.

[101] Wittig M A, Allen M J. Measurement of Adult Performance on Piaget's Water Horizontality Task. Intelligence, 1980, 8(4).

[102] Yang J S, Primary and Junior Secondary School Children's Understanding of Fraction, A Report of Mathematics Understanding of Taiwan Students Program (MUT), Dept. of Mathematics, Taiwan Normal University (in Chinese), 1987.

[103] Yang M T L, Cobb P. A Cross-cultural Investigation Into the Development of Place-value Concepts of Children in Taiwan and the United States. Educational Studies in Mathematics, 1995, 28.

[104] Zhou Z, Peverly S T, Boehm A E, Lin C D. American and Chinese Children's Understanding of Distance, Time, and Speed Interrelations. Cognitive Development, 2000, 15.

[105] Zhou Z, and Boehm A E. American and Chinese Children's Knowledge of Basic Relational Concepts. School Psychology International, 2001, 22

[106] 黄娟娟,等:《国际数学与科学教育比较研究项目介绍》, 载顾泠沅,等主编,《寻找中间地带》,上海教育出版社,2003 年。

[107] 黄全愈:《素质教育在美国》,广东教育出版社,1999 年。

[108] 卡罗尔:《语言心理学》,缪小春,等译,华东师范大学出版社,2007 年。

[109] 孔宪中:《让汉语文站在巨人的肩膀上——汉语文问题讨论集》,商务印书馆,1997 年。

[110] 林语堂:《中国人》,郝志东,沈益洪,译,学林出版社,1994 年。

[111] 潘文国:《汉英语对比纲要》,北京语言文化大学出版社,1997 年。

[112] 启功:《汉语现象论丛》,中华书局,1997 年。

[113] 索绪尔:《普通语言学教程》,高名凯,译,商务印书馆,2005 年。

[114] 王力:《王力文集》第一卷,《中国语法理论》,山东教育出版社,1984 年。

[115] 王寅:《语义理论与语言教学》,上海外语教育出版社,2005 年。

[116] 维特根斯坦:《哲学笔记》,李步楼,译,商务印书馆,1996 年。

[117] 沃尔夫:《论语言、思维和现实》,高一虹,等译,湖南教育出版社,2001 年。

[118] 伍铁平:《语言和文化评论集》,北京语言文化大学出版社,1997 年。

[119] 许国璋:《许国璋文集》第 1 卷,商务印书馆,1997 年。

[120] 严辰松:《语言理据探究》,《解放军外国语学院学报》,2000 年第 6 期。

[121] 张孝达,陈宏伯,李琳,选编:《数学大师论数学教育》,浙江教育出版社,2007 年。

[122] 赵元任:《赵元任全集》第 1 卷,商务印书馆,2002 年。

[123] 周有光,王开扬:《汉字现代化研究》序,齐鲁书社,2004 年。